"促进主动学习的英语阅读课堂教学改进行动"丛书

Action Research Series on Facilitating Active Learning in the EFL Reading Classroom

■ 丛书主编 葛炳芳

U0738980

主动学习视阈下的英语阅读教学：意义建构

Facilitating Active Learning in the EFL Reading Classroom:
A Meaning Construction Perspective

◎ 汪向华 印佳欢 苏殷旦 马瑾辰 丁楚琦 著

ZHEJIANG UNIVERSITY PRESS
浙江大学出版社
·杭州·

图书在版编目（CIP）数据

主动学习视阈下的英语阅读教学. 意义建构 / 汪向
华等著. —— 杭州 ：浙江大学出版社，2025. 6（2025.10
重印）. ——（"促进主动学习的英语阅读课堂教学改进行
动"丛书 / 葛炳芳主编）. —— ISBN 978-7-308-26242-2

Ⅰ. G633.412

中国国家版本馆 CIP 数据核字第 2025U4C256 号

主动学习视阈下的英语阅读教学 : 意义建构

汪向华　印佳欢　苏般旦　马瑾辰　丁楚琦 **著**

责任编辑	陶　杭	
责任校对	王同裕	
封面设计	刘依群	
出版发行	浙江大学出版社	
	（杭州市天目山路 148 号　邮政编码 310007）	
	（网址：http://www.zjupress.com）	
排　　版	大千时代（杭州）文化传媒有限公司	
印　　刷	杭州杭新印务有限公司	
开　　本	880mm×1230mm　1/32	
印　　张	3.5	
字　　数	101 千	
版 印 次	2025 年 6 月第 1 版　2025 年 10 月第 2 次印刷	
书　　号	ISBN 978-7-308-26242-2	
定　　价	28.00 元	

丛书总序
FOREWORD

  2009—2015 年浙江省高中英语教研聚焦"基于综合视野的英语阅读教学改进行动"这一主题开展了三轮研究,出版专著 15 册。该项研究强调了"内容、思维、语言"的融合,也重视阅读策略的体验式学习,其成果获得"2018 年基础教育国家级教学成果奖"一等奖。我有幸为这套专著写过三篇序。当时我的心情无比兴奋,就好比在"教材难度大""应试压力大"的阴云笼罩下看到了光芒,使我对英语教育发展增添了信心。

  根据教育部颁布的《普通高中英语课程标准(2017 年版 2020 年修订)》(简称"课标")编订的高中英语教材已经投入使用了数年。我曾亲耳听到一位资深的英语教师说,尽管教材按照课标的精神要求培养核心素养编写,实际上课堂上还是"满堂灌,忙刷题"。这多少有点令我感到心凉。然而,去冬今春我陆续收到了浙江省教育厅教研室葛炳芳老师发来的"促进主动学习的英语阅读课堂教学改进行动"丛书书稿,研究课题为"主动学习视阈下的英语阅读教学",共设六个分题:1. 理论与实践,2. 自主提问,3. 活动参与,4. 回应所学,5. 意义建构,6. 师生责任,共六册书。数十位作者都很年轻,但都热情好学、勤奋读书、联系实际、钻研教学、集体磨课，以求最大限度调动学生的主动学习积极性。这些教师虽然年轻，可站得高、望得远、钻得深、干劲足，他们的课例几乎运用了人教版高中必修和必选的阅读与思考板块的全部课文。而且任课老师不怕评判，反复打磨，直至课题组成员都感到满意为止。我拿到这套书时正值数九寒天之际，而看到他们这种顽强拼搏的精神恰似初春的阳光温暖了我这颗年迈的心，也又一次扫除了我心中的雾霾。

这套书集中反映了近几年浙江省的一线老师利用新教材在贯彻高中英语课标精神的实践中的新创举，主要在原有的"英语阅读教学综合视野"理论的基础上，进一步开展了英语阅读课堂教学中学生主动学习能力培养的实践与研究。这完全符合教育部颁发的课标中提出的为立德树人，培养语言能力、文化意识、思维品质和学习能力核心素养的要求。英语教育中的知识和能力维度得到重视，以主题意义加工为核心的课堂教学思路得到认可，英语学习活动观得到贯彻，"教—学—评"一体化的理念得到广泛认同。梳理高中英语课标，我们发现，无论是"核心素养"，还是"教学建议"中提及的实施意见，归根到底，是要求广大教师重视培养学生主动学习、自主学习的能力。学生学会学习是学校教育的根本任务。

从研究教师的教到研究学生的主动学，这是一个不小的变革。自古以来，我们的课堂上一贯是老师教学生学、老师问学生答，其实，我们的先人孔子也曾鼓励弟子"敏而好学，不耻下问""博学而笃志，切问而近思"。然而，千百年来的科举制度遗毒未尽，至今应试教育致使课堂上仍然存在花大量时间刷题以应对高考的现象，哪能让学生主动发问并发表自己的独立见解啊！要知道，我们与西方教育的不同之处在于我们的学生勤奋好学、聪明善记、尊师重教，而独立思考、发现、发问、动手实践能力逊色。这也许是近百年我国科技落后的原因之一吧。为了彻底消除教育中的弊病，随着改革开放的深入，我国的教育不仅从突出智育转变为突出素质，而且当下提出为了发展新质生产力，教育亟须深化改革：课程体系更新、教学方法创新、评价体系改革,实现教育公平,开展国际化教育,培养具备探索未知世界的自主创新精神。可喜的是,目前高考制度也在改革,减少了唯一正确答案的试题,增加了跨文化语篇、考查独立思考和语言运用能力的试题。这对课堂教学改革产生了正能量。"主动学习视阈下的英语阅读教学"课题研究就是在这样的背景下进行的。

此课题的领导者葛炳芳老师首先从理论上阐述了主动学习能力是学生学习过程中的一种策略,是学习的体验,是心理活动,也是对自身能力的认识。它能使学生将新知与已知联系起来形成新的理解,能提高学习的兴趣,并提高学习的动机和信心。培养主动学习能力就要强调学生在课堂教学中的自主提问、活动参与、回应所学和意义建构等学习活动和过程,并以师生责任平衡去调整教与学的行为。这一理论,涉及英语阅读课堂教学的方方面面。葛老师在书中引用了马瑾辰老师的生动课堂教学,验证了该书所倡导的理论。

我虽不能亲临现场观摩课堂教学,但是丛书中的教学课例让我受益颇多。首先,我了解到教师如何以情感支持和鼓励提高学生的自主提问意识,并引导他们思考文本主题、内容、语体、语篇和语言、修辞等,设置疑问,互动探讨。学生由浅度思维提升为深度思考,由"不想"到"会想"到"善提问"。这无疑是教改中的一大进步。

除了要培养学生的自主提问意识,还要围绕主题意义,结合实际设计有层次性、关联性、综合性、迁移性、有效性的活动。为了激发学生积极主动参与,在意义协商中主动建构和完善自身的知识体系,活动必须给予学生尊重感、安全感、归属感和价值感,维护其主体地位。活动设计需要师生共建、同伴分享、小组合作、多维互动。活动形式多样,如小组讨论、角色表演、观看影剧、对话演剧等,此外,还可以采用比赛和评价的形式。

回应所学不是对教学内容的简单复述,而是通过内化所学知识,以深刻且富有见解的方式进行表述。为使学生进行综合性的回应,迁移和夯实所学内容、语言和提高思维能力,要设计引人入胜的语境,如运用多模态教学模式,可视性方式(绘图、思维导图等),采访,做项目等。书中有许多生动的例子，让学生在学习过程中进行有效监控、调整、协商、建构，最终理解主题，创建实践性强并具有创新思维的活动。

意义建构的过程中学生需要独立思考，主动探索文本，与文本进行多维对话和意义协商，形成对问题的观点和见解，构建对文本内容和主题意义的理解并表达"新"的思想。阅读中运用建构主义理论要求教师给予学生无干扰阅读的时间和空间，并适时给予指导，使学生能够自行梳理细节信息，对语篇内容进行深刻理解、阐释分析、判断推理等意义加工，亲历思考、比较和体悟。

主动学习视阈下的英语阅读教学中，师生的责任有所改变，教师由讲授者转为引导者，有协商、组织、激励、营造支持性环境的责任；学生由被动接收者转为主动探索者，自主阅读、思考提问、建构新知、感悟主题意义、创新表达。确定了 RIAE① 英语自主阅读教学路径，即"激活与关联"、"释疑与建构"、"评价与批判"及"运用与表达"。此外，教学反思与改进，不仅强调教师的反思和评价，更包括学生的反馈机制，使形成性评价得到真正的落实。教师设计符合学情的教学目标有利于因材施教，教师多样化的亲切语言会令不同层次的学生产生终生难忘的情感反馈。

课题研究组运用了大量的课例来验证上述理论。我饶有兴趣地阅读这些课例时，时常为其中精彩的段落所感动，特别是看到有的学生流畅地用口语或文字表达自己的见解时，我情不自禁地拍案叫好。对于教师提供的有效支架我也在批注中加以点赞。我多么希望能看到更多类似的教师研究行动，不仅限于听读理解，还有说写表达；不仅限于阐述，也要有辩论，更多地开展项目活动以发现学生的多元智能和创新思维；不仅有课本阅读，还有更多的学生自选的泛读。我还希望学生能利用多媒体资源、在线平台进行个性化学习，并利用选修

---

① RIAE：英语自主阅读教学路径，即 Relate（激活与关联）—Interpret（释疑与建构）—Assess（评价与批判）—Express（运用与表达）。

教材以充分发挥其自身的潜力。

　　近来,浙江等地在人工智能领域取得的成就举世瞩目,这表明,具有五千多年文明史的中国人不只会追赶,而定会超越西方,为世界做出更大的贡献。我坚信浙江省的基础教研工作者在已有成就的面前不会止步,而会继续砥砺前行,创造出更多成功的经验,为建设教育强国添砖加瓦,贡献自己的力量!

刘道义

2025 年 2 月 23 日

前　　言
SERIES EDITOR'S PREFACE

　　阅读文本之器,是字词句篇之形。读者依赖字词句篇、语修逻文,解码理解,加工意义;阅读文本之道,是人文生命精神。阅读,是感知、唤醒、体悟和激发;其对象,不仅仅是言语,更是思想、情感,甚至是精神创造。阅读是一个动态的意义建构过程。英语阅读教学中,学生要成为主动的阅读者和意义加工者。从教师的角度看,就是要在设计阅读教学活动时充分关注学生的安全感、归属感、尊重感、方向感,这是扎实开展自主学习、培养学生主动学习能力的前提。

　　2009—2015 年,浙江省高中英语教研牢牢抓住"阅读教学"这个"牛鼻子",开展了三轮课题研究,出版专著 15 册,成果《基于综合视野的英语阅读教学改进行动》,获得"2018 年基础教育国家级教学成果奖"一等奖。该成果以"文本解读"为逻辑起点,以突破"教什么"带动英语阅读教学的改进。2023 年初,由我负责的"促进主动学习的英语阅读课堂教学改进行动"被立项为浙江省重点教研课题(课题编号:Z2023033)。我省的英语阅读教学研究又以"学习能力"为突破口,将显性的研究重心移到了"怎么教":培养学生主动学习的能力。

这一研究由以下六个主题组成（括号内为各小组成员，其中第一位为组长）：

1. 主动学习视阈下的英语阅读教学：理论与实践（浙江省教育厅教研室葛炳芳）

2. 主动学习视阈下的英语阅读教学：自主提问（桐乡市凤鸣高级中学庄志琳、宋颖超、邓薇；桐乡市第二中学苏克银；桐乡市高级中学翁雨昕）

3. 主动学习视阈下的英语阅读教学：活动参与（金华市教育教学研究中心徐钰；浦江县教育研究与教师培训中心洪燕茹；浦江中学楼优奇；金华市外国语学校丁亚红；金华第一中学琚玲玲、张帅）

4. 主动学习视阈下的英语阅读教学：回应所学（温州市教育教学研究院丁立芸；温州中学蔡珍瑞、彭志杨、陈华露、蔡夏冰）

5. 主动学习视阈下的英语阅读教学：意义建构（杭州师范大学附属中学汪向华；杭州第四中学下沙校区印佳欢；杭州师范大学附属中学苏殷旦；杭州第二中学钱江学校马瑾辰；杭州师范大学附属中学丁楚琦）

6. 主动学习视阈下的英语阅读教学：师生责任（新昌县教育局教研室俞永恩；绍兴第一中学蔡红、沈剑蕾；新昌中学俞坚峰、言金莉）

在本研究中，我这样定义"主动学习"：在英语教学中，学生在教师指导下逐步开展自主提问，主动建构意义，主动运用所学建立文本、作者、世界和自我间的关联，表达新思想。这样的学习过程，就是促进学生形成主动学习能力的过程。从教师的视角看，促进主动学习的英语阅读课堂教学改进行动，始于教师对教学材料的深度解读，涉及文本内容从细节理解到概念化再到结构化的梳理和提炼，同时这个过程中的语言学习得到同步考量，并由文本内拓展到文本外进行"出口任务"的设计。在教学活动设计与实施的过程中，教师围绕自主提问、活动参与、回应所学和意义建构，聚焦基于意义加工的语言教学中的师生责任平衡，在不同阶段以不同的方式逐步发展学生的主动学习能力。

本研究不仅基于先前的研究而开展,研究的范式和各子课题主题设计的思路也相同。一是研究主题的重合。无论是自主提问、活动参与、回应所学、意义建构还是师生责任,都相互交叉。无论以哪个视角为切入点,都与阅读教学的方方面面有关。二是我们依然采用行动研究的方式,深入常态课堂,以改进课堂教学。特别是我们每次的研讨课都是以所在学校的"教材自然进度"确定开课内容,以落实"做真实教研"的信条。三是继续走"草根"之路,用案例说话,用行动改进说话。四是我们仍以"大课题—小课题"的方式开展研究,平时以小课题组成员的研究为主,但是每半年都组织一次"大课题组活动",每一位成员都精心撰写并反思,并在全体成员面前分享各自的心得体会。

与过往课题研究不同的是,本课题研究的阶段性成果,都同步在全省的教研活动中得到推广,同步在全国各地的讲学中介绍,更是同步在全国各类期刊上发表。我们特别感谢《教学月刊·中学版(外语教学)》从 2024 年第 1/2 期合刊起,为我们开设了专栏,每期刊登 1 至 2 篇课题组成员撰写的论文。从言语行为的视角,我们可以把包括这些小册子在内的一系列成果看成"主动学习的实践话语(rhetorical practice of active learning)"。

本丛书源于我们这个团队的深入研讨和实践改进,源于这个团队的精诚团结和无私奉献,源于这个团队的智慧勤劳和磨法悟道,源于这个团队触发灵感的文献分享、一丝不苟的课例研讨、触动灵魂的研究交流、瞻前顾后的研究作风,源于这个团队两年多来对主动学习或者主动阅读"是什么?为什么?怎么做?做了又怎样?"等问题的不懈思考和实践印证。正是这一切,帮助我们建立和夯实培养主动学习能力的信念,改进阅读教学实践。

我国基础英语教育泰斗刘道义先生,自 2009 年的阅读教研课题起都一直关心、支持、教导和鼓励我们踏踏实实做教研。我们在 2011、2013、2015 年出版的小册子都是先生写的序。在这次课题研究成果出版之际,先生虽已 87 岁高龄,但仍欣然为我们作序。这实在是我们莫大的荣幸。

在本丛书出版之际，我们特别感谢浙江大学出版社基础教育分社的编辑及营销团队，没有他们的帮助，我们的这些研究成果只能是"孤芳自赏"，广大中学英语教师也就没有机会阅读到这些资料，提升自己的英语阅读教学思想。

当然，由于作者水平有限，研究精力有限，书中如有不当之处，当由作者负责。敬请读者通过 gbf789@126.com 邮箱与作者交流。

乙巳初春于西溪

本书作者序
INTRODUCTION

　　在外语教育探索与改革的征途中,我们有幸成为浙江省课题"促进主动学习的英语阅读课堂教学改进行动"中"主动学习视阈下的英语阅读教学:意义建构"这一子课题的研究成员。本课题旨在深入剖析主动学习理论在英语阅读教学中的应用,特别是如何引导学生通过意义建构,实现从被动接受到主动探索的转变。

　　全书内容共分五章。第一章"研究主题"回顾了主动学习的理论基础,以及国内外在英语阅读教学中促进学生意义建构的研究现状,为后续研究奠定了坚实的理论基础。第二章"意义建构视角下促进学生主动学习的阅读教学挑战",基于教学实践,我们指出了阅读教学中意义建构视角下普遍存在的问题。如,学生主体性薄弱,常被视为知识被动接受者,导致缺失兴趣与动机,根源在于传统教学观念过度强调教师主导。同时,建构过程碎片化,知识缺乏系统整合,影响深度理解。建构成果僵化,新旧知识脱节,创新能力受限,教学缺乏情境迁移。第三章"促进意义建构的阅读课堂教学策略",是本书的核心部分,我们从情境创设、任务拓展、支架策略、回应所学、意义协商等多个维度,提出了促进学生主动意义建构的具体路径和策略。

第四章"意义建构视角下课堂教学的改进行动"，通过一个完整课例的初版与改进版，详细展示了如何将上述策略应用于实际教学，记录了学生从被动接受到主动探索的过程，以及教师在这一过程中的角色转变与成长。第五章"研究与思考"，我们总结了研究的主要发现，反思了研究过程中的不足，并对未来如何在更广泛的范围内推广主动学习理念、深化意义建构提出了展望。

本研究是团队合作与智慧碰撞的结晶。在研究过程中，我们共同面对挑战，分享成功，每一次的研讨与磨课都凝聚了团队成员的心血与汗水。课题组的每一次会议，都是一次思想的碰撞与灵感的激发，让我们在困惑中寻找答案，在挑战中不断成长。

特别感谢葛炳芳老师悉心指导与无私奉献。他不仅为我们提供了宝贵的理论资源与实践指导，更以其严谨的治学态度和不懈的探索精神，激励着我们不断前行。在他的引领下，在所有参与本课题研究的同仁的影响下，我们学会了如何更加深入地分析问题，如何更有效地将理论与实践相结合，如何在繁忙的教学工作中保持研究的热情与初心。

同时，我们也深刻体会到，主动学习不仅仅是学生的学习方式，更是教师自我提升与专业发展的路径。通过本课题的研究，我们不仅优化了学生的阅读学习方式，也促进了教师自身教学理念与方法的革新。

当然，由于作者水平有限，本书难免存在局限与不足。我们诚挚地邀请读者提出宝贵意见与建议。

汪向华

2024 年 12 月

目　录
CONTENTS

第一章

研究主题

　　随着《普通高中英语课程标准（2017 年版 2020 年修订）》（以下简称"课标"）的深入实施，英语教学被赋予了新的使命，即培养学生的综合语言运用能力，特别是在复杂情境下解决问题的能力。课标明确指出，英语教学应"基于新的知识结构，通过自主、合作、探究的学习方式，实现深度学习，促进学生能力向素养的转化"（教育部，2020:63）。这一理念强调了意义建构在英语学习中的重要性，即学生需深入理解语言所承载的主题意义，构建结构化知识，并能在实际情境中灵活运用，自主表达观点与情感（教育部，2020:53）。

　　学习的本质是建构认知结构。建构主义（constructivism）学习理论关注学习过程的认知规律，探讨学习如何发生、意义如何建构、概念如何形成以及意义建构的发生场域等。认知语言学认为，意义不存在于语言单位中，而是在语言使用者的头脑中建构出来的（Radden *et al*，2007:1）。意义建构作为一种认知过程，强调学习者基于自身的经验、知识和认知结构,通过主动的思考、探索和互动,对新的信息、概念或知识进行理解、解释和整合的过程。在这个过程中,学习者不仅接收新的信息,更重要的是将这些信息与已有的认知结构相联系,形成新的理解和认知,从而建构起个人对世界的独特解释和认知。主动学习强调学生建立自己的知识,将新思想与已有知识联系起来,在先前的信息基础上形成新的认识(Bransford & Brown, 1999:3)。因此,意义建构是自主阅读的关键体现,而自主阅读的最终目标是使学生能够运用结构化知识,在新的语境中灵活应对并解决实际问题。

近年来浙江省高中英语教师开展了以自主学习撬动英语课堂教学改进研究,关注意义为先的自主生成,学生在意义协商的过程中对内容做出结构化的梳理,运用语言进行意义加工,发展思维(葛炳芳,2023:3;2024:54),并取得了一定的成效。但阅读教学在培养学生主动意义建构方面仍存在有待改进之处。具体问题包括:"意义建构碎片化",即教师轻视主题意义探究,教学步骤缺乏连贯性,导致学生难以构建完整意义体系;"意义建构形式化",部分教师设计的问题情境未能有效结合学生认知水平,割裂语言与语境联系,忽视现实关联,使意义建构变得空洞;"意义被建构",尽管教师尝试调整课堂掌控,鼓励学生提问思考,但常不自觉地将预设知识直接灌输给学生,限制其自主探索能力和构建意义的能力。因此,探究如何在中学英语阅读教学中更有效地促进学生主动意义建构,解决当前存在的问题,成为提升英语教学质量、培养学生评判性思维和自主学习能力的重要课题。

意义为先的自主生成教学模式强调学生在英语学习中的主体地位,鼓励学生自主提问并在解疑过程中梳理基本信息,生成语言的结构化。这与建构主义学习理论的内涵要义相契合,后者强调学习环境的重要性,特别是"情境"、"协作"、"会话"和"意义建构"四大要素(何克抗,2002:58)。葛炳芳(2023:3)进一步指出,在实施这一模式时,教师需要在教学设计上充分考虑自主提问的方法和技能、提问的时机、阅读时间的安排以及课堂学习任务的设计与使用。

教师应从传统的"控制者"角色转变为"引导者",通过引导学生深度探究文本,给予亲身体验和探究的机会,帮助他们分析文本内容是如何围绕主题意义组织起来的,探索语篇内部的逻辑关系,从而深入理解知识间的联系(张秋会、王蔷,2016:12)。教师需要把握学生现有水平和发展目标之间的差距,具备将具体内容转化为学生主动操作对象的路径和方法(郭华,2019:58)。教师角色的转变是落实学生主动学习的基础。

在阅读教学活动设计中,教师需要基于阅读文本所承载的内容,组织学生感知、加工、运用、内化相关语言,理解文中的事实、观点、文化内涵等。在此基础上,训练学生的逻辑推断能力、评判性阅读能力和创造性思维能力(葛炳芳,2019:146)。教师应创设以问题为主线的课堂学习,引导学生自主地构建和扩展认知结构(胡晓燕,2004:48)。教学活动应力求语言知识、语言技能、文化知识、学习策略的有机整合,使学生在提炼、整合、分析、比较、概括、评价语篇意义的过程中学习语言,形成结构化知识,促进学生的认知建构与发展(王蔷,2015:7)。

本课题组通过广泛阅读相关文献并结合课例进行行动研究,旨在从意义建构的角度探索英语阅读教学中促进学生主动学习的策略。研究重点聚焦于以下几个方面:

1. 深入分析英语阅读教学中在意义建构视角下学生主动学习所面临的挑战及其根源。

2. 研究主动学习视阈下阅读课堂意义建构的特点。

3. 构建主动学习视阈下的阅读课堂意义生成与建构模型。

4. 探讨意义建构视角下，有效促进学生主动学习的英语阅读教学方法和路径。

本研究期待通过攻克上述核心问题，运用具体的课例片段及一个完整案例，展示我们对这一主题的深入思考与实践创新，从而为中学英语阅读教学提供有益的启示与参考，以期激发学生的深度学习，全面提高学生的综合素养。

第二章

意义建构视角下促进学生主动学习的阅读教学挑战

一、意义建构的主体错位

在当前英语阅读教学中,学生在意义建构过程中往往缺失主体性。意义建构应当是学生通过主动思考、反思与探究逐步构建知识的过程,而现实中许多学生仍习惯于被动接受教师的讲解和单向输出,缺乏独立思考的意识与能力,从而影响其对知识的深度理解与内化。要改变学生在意义建构过程中主体性薄弱的现状,教师需要从教学设计、活动组织、课堂互动等多方面进行改革。具体而言,教师应注重学生自主学习能力的培养,鼓励学生多角度思考,并为学生提供更多自主探究和团队合作的机会,从而激发他们的主动性和创造性。只有通过这样的改变,学生才能真正成为意义建构过程中的主体,深度掌握并广泛拓展知识,培养解决实际问题的能力。

（一）学生的主动参与不够

建构主义提倡在教师指导下学习者自主学习和主动的意义建构，既要充分发挥教师的主导作用，又要凸显学生在学习过程中的主体地位，即"主导－主体相结合"（何克抗，2002，2004；钟志华，2006；李璇律、田莉，2019）。在传统的英语阅读教学中，教师往往主宰了整个教学过程，学生在阅读过程中更多地依赖教师的文本解读，限制了学生的主动学习和对文本意义的主动加工能力，导致学生的意义建构缺乏个性化的理解和深度思考。

在英语教育中，"教师必须尊重学生主体，开启他们的心智，发展他们的思维，帮助他们建构知识体系"（刘道义，2015：81）。教师应在日常课堂教学中通过充分利用学习环境中的积极因素，有效激发学习者的主动性，促进他们在阅读过程中积极参与、主动思考，并构建深刻的意义。

> 教师应通过充分利用学习环境中的积极因素，有效激发学习者的主动性，促进他们在阅读过程中积极参与、主动思考，并构建深刻的意义。

【课例片段1】人教版（以下无特别说明的课例均出自人教版教材）高中英语必修一 Unit 1 Reading and Thinking：*The Freshman Challenge* 所属板块主题为"比较不同地方的学校生活"。通过对比，这一单元旨在引导学生培养乐观向上的心态，以积极的态度迎接高中生活的挑战。该文本采用第一人称的视角，讲述了美国学生亚当（Adam）在进入高中后所面临的各种挑战，以及他如何适应新的学习和生活环境。在执教该课文时，教师在导入话题之后，让学生根据标题进行文本内容预测的自主提问，并提供支架让学生围绕"who，what， how"进行提问。学生产出问题：Who is the young man? What is his challenge? How will he solve this challenge? 随后，教师让学生进行第一遍快速阅读，并回答这三个问题。

在这个教学环节中，教师虽然表现出对学生主动学习的关注，一开始让学生进行自主提问，但这些问题仍然受到教师设定框架的限制，未能充分发挥学生在学习过程中的主体作用。教师未能完全鼓励学生提出自己的问题、分享个人观点，从而削弱了他们在知识建构过程中的主动性和创造性。为了自主提问而提出框架的形式反而使意义建构主动性匮乏，阻碍了学生在意义建构过程中发挥主动作用。

为避免以上情况，教师可以采取让学生根据单元主题页的插图、文本标题和文本结构对文本内容进行预测的自主提问等形式，鼓励学生多角度、多维度对语篇进行预测联想，尊重并珍视学生所有的自主生成。教师应在这个环节鼓励学生，如"You can ask any questions based on the title and the picture."，在这样的引导下，除了常规的问题外，学生还可能提出诸如"Despite so many challenges, why does the freshman smile so happily?"这类问题。它们能更好地推进阅读课堂的进程，凸显"freshman"面对"challenge"的积极态度，这有利于学生积极建构意义。

(二)阅读课堂缺乏有效互动

在许多课堂中，学生实质性互动参与明显不足，课堂缺乏讨论和合作学习环节，师生之间、生生之间、生本之间，特别是学生对文本的独立思考，均未得到充分保证。这种交互性的不充分极大地限制了学生在阅读过程中的

主动学习视阈下的英语阅读教学：意义建构

思考维度,致使他们无法借助文本深入交流,对文本的理解也不够深刻全面。由此,学生的意义建构常常只是浅尝辄止,难以展开深入剖析和思考。这一状况不仅降低了学生的理解深度,还使学生对文本的整体理解和个性化解读产生了负面影响。为应对这些问题,教师应当积极营造多维互动的环境,激发学生自主提问与探索的热情。同时,要为学生预留充足且不受干扰的阅读时间,使他们能够独立思考,主动与文本展开深层次的对话。此外,教师还需精心设置高认知层次的问题,引导学生从不同视角对文本进行质疑、深入探究,并鼓励他们独立评价与反

> 通过对关键问题追问和比较,学生能够更深入理解材料,逐步揭示文本的内在逻辑,培养评判性思维和逻辑推理能力,提升意义建构的深度。

思。通过对关键问题追问和比较,学生能够更深入理解材料,逐步揭示文本的内在逻辑,培养评判性思维和逻辑推理能力,提升意义建构的深度。

【课例片段 2】高中英语选择性必修一 Unit 1 Reading and Thinking：*Tu Youyou Awarded Nobel Prize* 一文有两条线：明线聚焦于屠呦呦及其团队发现青蒿素的全过程,而暗线则展现了他们在这一过程中所体现的科学家精神。在探讨人物品质的时候,教师提问 "What kind of person is Tu? Can you use some adjectives to describe her?",当学生的产出如 "committed,patient,fearless"等形容词时,教师要求学生在文本中寻找证据来支撑自己的观点。尽管这种做法有助于培养学生的逻辑思维能力,鼓励他们在文中找依据,但如果教学仅停留于此,就会使问题停留在"是什么"的层面,未能引导学生进一步思考,从而无法揭示文本的

内在逻辑，实际上只是一种浅层的意义建构。

为实现更深层次的意义建构，教师应首先以小组为单位，鼓励学生进行多维互动。在小组分享环节，教师应耐心倾听，并在适当时机及时追问，鼓励学生提出疑问和不同意见，以帮助他们通过反思深入探究主题意义。例如，当有学生回答"Tu Youyou is fearless, because she and her team members insisted on testing the medicine on themselves to make sure that it was safe."时，教师可以适时追问"How do you view her determination to personally test the medicine's safety? If you were her, would you make the same choices?" "How many times of failure can you endure before you give up or achieve success? Twice? Three times? Then how about 190 times like Tu youyou and her teams ever experienced?"。这一系列追问有助于学生进一步理解屠呦呦的人生观和价值观，从而实现更深层次的意义建构。

（三）文本理解活动只为寻找"标准答案"

在阅读教学中，忽视学生之间的个体差异会限制他们的发展，并导致意义建构趋于单一。每个学生都有独特的背景、经验和理解方式。如果教师只关注单一的答案，这将使学生感到自己的观点不被重视，打击了学生参与讨论的积极性，无法深入探讨文本的复杂性和多层次的意义。这种强调单一答案的教学方式不仅导致学生缺乏创造性思维、降低自信心、忽视情感和社交技能的发展，还会缺乏对

> 强调单一答案的教学方式不仅导致学生缺乏创造性思维、降低自信心、忽视情感和社交技能的发展，还会缺乏对多元文化的理解，影响长期主动学习的动机。

多元文化的理解,影响长期主动学习的动机。为了破除意义建构的标签化,教师需要认识到每位学生的独特性,创造一个包容和支持的学习环境,鼓励学生分享不同的观点。这种方式不仅能增强学生的参与感,还能促进他们全面发展,提升学习的深度与广度。通过尊重和接纳个体差异,教师能够帮助学生超越单一的标准答案,从而实现更加丰富和多维的意义建构。

【课例片段 3】高中英语必修三 Unit 5 Reading and Thinking：*The Million Pound Bank Note* 的单元主题是"The Value of Money"。该语篇是根据美国作家马克·吐温创作的中短篇小说《百万英镑》改编的戏剧剧本节选(第一幕第三场)。此部分描述的是故事的开端:因遭遇意外而身无分文的美国小伙亨利(Henry)在伦敦街头被富翁兄弟俩选中,将装有一张无法找零的百万英镑支票的信封交给他,并要求他在一个半小时之后才能拆开信封。在执教该文本时,教师让学生探究两兄弟打赌的本质原因时提问"Why did the two brothers make such a bet? What was the underlying reason for the bet?",此时学生会根据自己已有知识和经历,结合文本阅读形成个性化的产出。例如,有的学生表示"Because they were very bored.",而另一些学生则认为"Rich people just like to make fun of the poor."。如果学生给出的答案和教师预设的标准答案有出入时,教师不应立即否定或纠正学生的回答,而应鼓励学生分享他们的思考过程,积极倾听他们的观点,并引导他们思考自己的答案和文本内容之间的关系。教师可以提问"What in the text led you to that conclusion? Are there other possible interpretations?"。

通过这种方式,教师不仅尊重了学生的个性化理解,还促进了更深入的讨论和思维发展，帮助学生更全面地理解文本的复杂性。教师应始终秉持这样的观念：学生的独特理解是教学中弥足珍贵的财富，是开启深度意义建构之门的关键钥匙，承载着推动教学发展的重要价值，值得教师珍视并巧妙运用。

> 学生的独特理解是教学中弥足珍贵的财富，是开启深度意义建构之门的关键钥匙，承载着推动教学发展的重要价值。

二、建构过程的碎片化倾向

在英语阅读教学中，建构过程的碎片化倾向表现为学生仅关注零散的信息点，缺乏对信息的整合与系统理解。教师通常侧重单词、句子结构或细节的讲解，过于强调字面理解，忽视对文本深层含义的把握，这导致学生难以从整体上理解文章主题，解读呈现碎片化和片面化。这样的碎片化倾向还体现在对文本结构的忽视上，学生缺乏从全局角度分析文章的能力，思维停留在表面记忆与单一分析上，因而无法实现信息整合与深度思考。最终，这种方式使学生难以将所学知识迁移应用，限制了其阅读能力和整体思维的发展。

（一）"信息点"未得到有效整合

在英语阅读教学中，学生接触到的知识点和信息往往是零散且缺乏系统性的。这种碎片化的学习方式导致学生难以有效地整合知识点，无法形成一个连贯的知识体系，从而影响了他们对内容的整体理解与掌握。为了解决这一问题，教师应在激发学生主动性的同时，鼓励他们积极搜集和分析相关信息，以便能够有条理地梳理信息之间的逻辑关系。具体而言，教师可以通过引导学生进行信息整合活动，帮助他们识别和链接不同知识要素。通过使用思维导图、图表或概念图等可视化工具，"学生得以通过炼制知识，将原本孤立的知识要素巧妙地链接起来，为新信息的掌握创造有力的'锚点'"（汪向华、苏殷旦，2024:32），将零散的事实信息有机地连接，实现主题意义的建构。

> 将孤立的知识要素链接起来，为新信息的掌握创造有力的"锚点"。

【课例片段 4】在执教 *The Million Pound Bank Note* 时，教师请学生回答之前提出的主线问题"Why was Henry chosen for the bet?"，通过自主阅读解答这个问题，实现对 Henry 个人基本信息以及现状的梳理。在这个过程中教师同时引导学生从文本中找出能体现人物性格的语言进行人物分析，在字里行间细细品味，感受马克·吐温作品的诙谐讽刺，体会语言、内容、意义的融合。在这个教学环节中，尽管教师鼓励学生自主阅读分析文本，并借助文章主线问题进行基本信息的梳理，但由于没有提供足够的支持和引导，学生难以将分散的信息有效整合成一个连贯的知识体系。学生可能陷入对文本片段的孤立分析，无法将信息有机连接，形成系统化的概念框架。如果在这个环节中，教师可以将学生零散的答案概念化，例如，关于 Henry 的处境"no money, no job, no plan, no help"可以归纳成"his difficult situation"即（外因），将 Henry 的一系列品质例如"honest and truthful, independent and hardworking"等归纳成"his good qualities"即（内因），这样就有助于学生将零散的信息进行概括整合从而实现更深层次的意义建构。

(二)"结构化"未得到有效落实

在英语阅读教学中,尽管许多教师已经意识到对概念化信息进行结构化的重要性,但在实际操作中,往往忽视了主题引领的核心作用。事实上,结构化的有效实施离不开对文本核心主题的系统聚焦。如果缺乏主题的引导,信息的组织和呈现就难以形成有序的逻辑关系,这会导致学生在处理信息时缺乏明确的方向感,进而影响对文本主旨的深刻把握与理解。

> 缺乏主题的引导会导致信息组织无序,从而使得学生在处理信息时缺乏明确的方向感,影响其对文本主旨的深刻把握与理解。

"结构化知识是从各个角度和不同层次对主题展开阐述并建构逻辑关联而形成的概念结构"(赵东亮,2021:50)。"在这种概念结构中,主题与其对应的下级意义之间存在因果、主次、整体到局部、抽象到具体、现象到本质等逻辑关系"(张秋会、王蔷,2016:12)。因此,具体到我们英语阅读教学中,结构化应该是"学生以探究主题意义为引领,在主动参与获取、加工和概念化信息的基础上,进一步提炼出隐于信息结构的上位概念体系"(胡洁元,2024:24)。

【课例片段 5】在执教 *The Million Pound Bank Note* 的另一节课时,教师在整个阅读教学过程中借助黑板媒介,与学生共同逐步实现意义的显性建构。然而,仅仅在黑板上不断添加新的概念或信息是不够的,教师应该以主题意义统领结构化知识的呈现。例如,教师可以引导学生深入思考作者的写作目的,探究文本的主题意义,并分析人性与金钱之间的复杂关系。教师通过提出以下问题激发学生的深入思考：What does the author want to convey through the bet? What can we learn from the passage about the true value of money? 通过组织全班进行小组合作讨论，学生能够共同探讨作者的写作意图以及金钱的真正价值。在这个过程中，教师需注意以主题意义为引领，将黑板上零散的信息进行结构化梳理，以帮助学生形成清晰的知识脉络，如图 2.1 所示。

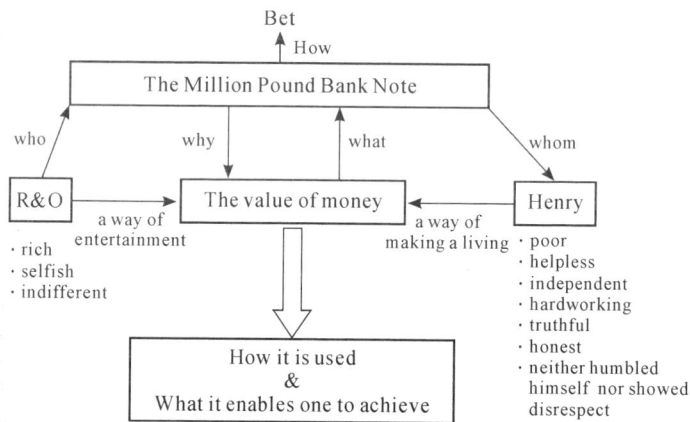

图 2.1　*The Million Pound Bank Note* 的文本结构

最终，教师可以引导学生得出结论：金钱的价值对于不同的人而言有着不同的含义，实质是个人金钱观和价值观的体现。通过这种以主题引领的信息结构化过程，学生不仅能够深入理解文本的主题意义，还能培养评判性思维能力，为后续的学习奠定坚实的基础。

(三)"结构"未得到拓展迁移

即便在阅读教学中教师有意识进行了知识的结构化处理，但学生在面对新的情境或问题时，仍难以将已学的知识灵活运用和迁移。也就是说，知识结构化的成果未能有效转化为实际应用的能力,学生的综合运用和创新能力受到限制。"迁移"是指将我们在一个领域或情境中学到的知识、经验和价值观应用到其他领域或情境中,从而形成更广泛的认知应用。因此,教师在迁移创新的环节中,应尽可能构建真实情境,设计实际任务,以此推动学生展开自主探究、深入思考,并通过积极交流与互动,促成主动的、多元的以及独特的知识构建,并把所构建的新知识加以运用、付诸实践且实现创新,进而衍生出新的意义。

【课例片段 6】在执教高中英语选择性必修二 Unit 1 Using Language:*The Father of China's Aerospace & A World of Pure Thought* 时,教师通过两篇文章的信息梳理,提问"Based on these two passages, what key elements should be involved when describing a great scientist?",并最终实现结构化梳理,总结出伟大科学家应具备的要素,如图 2.2 所示。

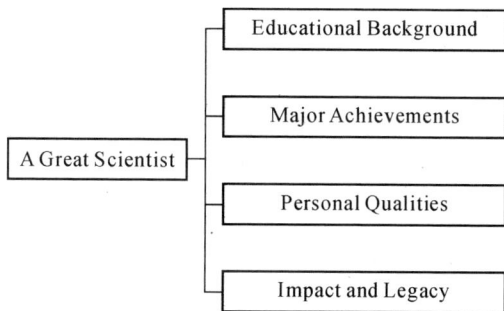

图 2.2　A Great Scientist 的品质要素

　　尽管教师对伟大科学家的特质进行了明确的归纳总结,却未能有效帮助学生将这些结构化的知识迁移到实际情境中,即结构化知识未能转化为学生的实际应用能力。为了解决这一问题,教师应在迁移创新的环节中创设真实的情境,并设计能够激发学生思考的任务和问题。例如,教师可以设计一些与学生生活和成长密切相关的情境任务,如"If you want to become a great scientist like Qian Xuesen or Stephen Hawking, what areas of your life do you think need improvement? How can you overcome your weaknesses? How can you cultivate an interdisciplinary interest?"。通过这种与自身现实生活密切相关的任务,学生可以将所学的知识迁移到自身的成长目标中,帮助他们识别个人成长中的不足。教师还可以提出具体问题,如"How do you handle setbacks in scientific research? How do you maintain interdisciplinary interests? How do you foster innovative thinking?"。这些问题引导学生思考并应用他们所学的知识。此外,教师还应设计跨学科的创新任务,鼓励学生在实践中运用科学家的特质,并提出创新性的解决方案。最后,教师应定期评估学生的反思和实践成果,提供具体的反馈,帮助学生在任务执行过程中不断调整思路,确保学生能够灵活地将所学知识运用于不同的情境中,从而实现知识的真正应用和内化。

总之,在迁移环节,"教师应注重引导学生根据文本中的线索和已知信息来推断作者的情感态度、写作意图,引导学生要跳出与文本对话,上升到与作者对话的层面,思考如何将所学知识与自身生活实际相联系,并在自己的生活中运用文本所传递的价值信念,表达价值内涵的个性化观点,实现对自我价值世界

> 教师应引导学生思考如何将所学知识与自身生活实际相联系,并在自己的生活中运用文本所传递的价值信念,表达价值内涵的个性化观点,实现对自我价值世界的建构。

的建构"(汪向华、苏殷旦,2024:34)。

三、建构成果的僵化倾向

(一)新旧知识关联度低

"学习者原有的知识和经验是形成更高层次的知识、经验的起点,是建构生成新意义的基础"(常保晶,2004:3),因此,学习者以已有知识和经验体系为基础,在新旧观念的冲突中扩展自己的认知,才能实现真正的意义建构。然而,在实际教学中,新旧知识之间的关联往往未能及时和有效建立。学生在学习新知识时,未能将其与已有的知识体系进行有效整合。这种学用割裂的现象导致学生难以体验知识的整体性和连续性,从而影响了对新知识的理解和运用。

> 学习者以已有知识和经验体系为基础,在新旧观念的冲突中扩展自己的认知,才能实现真正意义上的意义建构。

【课例片段 7】仍以 *Tu Youyou Awarded Nobel Prize* 阅读篇为例。在这个课例中,教师以"Can you name some people of success?"导入,并探讨成功人士都具有哪些品质和特点。学生各抒己见,教师把相关品质在黑板上进行板书。尽管教师有意将学生的已有知识与文本内容建立联系,但如果只停留在导入阶段,这种联系显得不够深入,未能有效引导学生在后续学习中持续应用和整合新旧知识。

为了突出新旧知识的联结,在该课例的最后,教师可以呈现本单元的开篇页上爱因斯坦的名言"Try to become not a man of success,but try rather to become a man of value. "。引导学生在建构结构化知识的基础上，回溯整个阅读过程，分析"a man of value"与"a man of success"之间的认知差距，提出"a man of value"和"a man of success"不一定具备的重要特质，如"positive influence on society and other individuals"以及一个人的内在品质和原则，如"integrity, compassion, selflessness"。这样的设计不仅能够有效地连接新旧知识，实现导入问题与读后迁移的完美闭合，还为学生选择心目中的"a man of value"提供了概念支持。通过深入讨论与反思，学生在整个阅读教学过程中得到了真正的增值，促进了意义深层次的建构。

（二）依托情境迁移性弱

建构主义认为，"学习总是与一定的社会文化背景即'情境'相联系的，在实际情境下进行学习，可以使学习者能利用自己原有认知结构中的有关经验去同化和索引当前学习到的新知识，从而赋予新知识以某种意义"（何克抗，1997：8）。然而在很多一线阅读教学实践中，教师却背离了这一理念。缺乏情境依托的应用极大地阻碍了学生意义建构成果的有效转化与迁移，进而制约了学生英语综合能力的持续提升与终身学习能力的养成。

【课例片段8】高中英语必修二 Unit 2 Reading and Thinking：*A Day in the Clouds* 单元主题是"人与自然"，围绕野生动物保护这一要点展开。该课文是一篇日志，以第一人称的口吻讲述保护珍稀物种藏羚羊的故事。教师在执教该课文时，设置让学生进行一次关于野生动物保护主题演讲的读后任务。要求学生自主挑选一种他们所熟悉的野生动物，并就该动物的现状、所面临的威胁以及切实可行的保护策略，准备一场时长为 3 至 5 分钟的主题演讲。这个任务虽然旨在引导学生将课文所学知识迁移运用到其他野生动物保护的探讨中,以拓展学生对野生动物保护主题的认知广度与深度,但是缺乏情境的依托,不能实现意义建构成果的有效转化与灵活迁移。

因此,教师在这个环节可以让学生设计一份关于本土野生动物保护的英语宣传单。例如,在学生撰写宣传单之前,教师可引导学生就保护藏羚羊与保护杭州本地野生动物的异同点展开讨论。例如,一些水鸟(如白鹭)栖息在杭州的湿地和湖泊中,但随着城市化进程的推进,它们的栖息地正逐渐遭受威胁。学生可以在宣传单中提到通过设置生态廊道或湿地保护区来保障这些鸟类的栖息环境。有学生就将课文知识与杭州本地情境有机融合:In Hangzhou, just as the Tibetan antelopes face the threat of illegal hunting and shrinking habitats, our local wild animals like the Chinese egrets in the West Lake are also at risk. We can draw inspiration from the conservation efforts for Tibetan antelopes. For example, we should establish protected wetland areas where the egrets can safely nest and forage. 通过这种情境依托的教学设计,学生不仅能提高语言能力,还能在解决实际问题时获得更深层次的学习体验。

第三章

促进意义建构的阅读课堂教学策略

一、建构主义与意义建构

(一)"意义建构"的内涵

建构主义认为,知识不是通过教师传授得到,而是学习者在一定的情境即社会文化背景下,借助其他人(包括教师和伙伴)的帮助,利用必要的学习资料,通过意义建构的方式而获得。因此,"情境"、"协作"、"会话"和"意义建构"是学习环境中的四大要素或属性(何克抗,2002：58)。建构主义关注学习者原有的认知和经验,也强调学习的主动性、社会性和情境性(范琳,张其云,2003：28)。可见,意

> 意义建构建立在学习者已有的知识和经验上,依托学习情境,同时也需要学习者的主动参与和协商会话,应是学习者的"自主建构"。

义建构建立在学习者已有的知识和经验上,依托学习情境,同时也需要学习者的主动参与和协商会话。因此,意义建构应是学习者的"自主建构"。

首先,学习环境中的情境必须有利于促进学生对所学内容的意义建构,协作贯穿于整个学习过程。学习者通过与同伴的互动与协商,在协作中共享各自的思维成果,从而促进个人与集体的共同成长。正如李璇律和田莉(2019:2)所指出的,"意义建构"是建构主义所倡导的所有行为活动的最终目标。其次,从知识与意义建构的主体角度看,学生不仅是信息加工的核心,更是意义的积极建构者。因此,学习者能够汲取的知识深度与广度,从根本上讲,依赖于他们自身意义建构的能力。学生是知识意义的主动建构者;教师是教学过程的组织者、指导者、意义建构的帮助者、促进者(何克抗,2002:59)。教师应充分利用情境模拟、协作学习、互动会话等学习环境中的积极因素,以激发学生的主动性,促使其在学习过程中主动调适策略,增强其课堂活动参与度。此外,不可忽视的是,学习者的个体差异是造就意义建构结果多元化的重要因素。

从知识的本质属性看,意义建构即从公共知识到个人知识的建立过程,建立在知识学习的深度和关联度之上(郭元祥,2017:47)。学生所要建构的意义就是对当前所学事物的性质、规律及其与其他事物之间内在联系的理解,这样的深刻理解能以"'图式'—认知结构"的形式长期储存(何克抗,2002:58)。学习者以已有认知和经验体系为基础,在新旧观念的冲突中扩展自己的认知结构,即"图式"。因此,真实的意义建构能够引起学生内在的变化和发展,超越对知识符号的处理,指向以理解为基础的意义领悟和知识的意义增值。

从意义加工的过程看，学习者建构知识的过程大致需要经历"信息获取、信息转换和知识建构"（钟志贤，2005：21）等阶段。知识建构的方式主要包括个体知识建构和协作知识建构，这两种方式表现为一种知识建构的连续体。个体建构知识的过程涉及了诸多认知加工主义和信息加工主义的要素，如元认知、学习策略、认知参与方式和动机等。学习者在课堂环境中要亲历问题解决的过程，即获取梳理、概括整合、应用判断和反思评价信息，开展有意义的学习。

（二）阅读教学中的意义建构

阅读文本之器，是字词句篇之形，读者依赖字词句篇和语修逻文，解码理解，加工意义；阅读文本之道，是人文生命精神，读者依赖自身经验和文本逻辑，建构认知，学思践悟（葛炳芳，2024：53），阅读课堂教学是学习者与文本动态交互的过程。阅读是阅读者已有的知识、所读的文本信息和阅读情境动态交互的意义建构过程（Anthony et al.，1989：19）。从这个意义上说，学习者在课堂环境中要亲历问题解决的过程，通过获取、梳理、概括、整合文本信息，并进行应用判断和反思评价，从而开展有意义的学习。

> 学习者在课堂环境中要亲历问题解决的过程，通过获取、梳理、概括、整合、应用判断和反思评价信息，开展有意义的学习。

在阅读教学的"语境"下，意义建构是围绕对文本内涵的理解而发生的，学习者对文本的理解不断深入丰富，逐步加深对语篇内容的理解和主题意义的探究，这体现了阅读教学是一个"意义流变的过程（a process of meaning-in-motion）"（Langer et al.，1990：430)的过程。

课标提出了六要素整合、指向学科核心素养的英语学习活动观（教育部，2020:13，以下简称"活动观"）。活动观的重要学理基础之一便是建构主义学习理论（王蔷等，2021:4），建构主义理论强调语言学习活动是意义探究的活动，而学习者对语篇意义的建构是以个体已有的知识和经验为基础的，而学习过程则是学习者对语篇信息不断解构和建构的过程。在阅读课堂中，学生对于语篇意义的加工过程是学生体验学习过程、主动建构意义的过程（王蔷等，2021:4）。

根据活动观的内涵要义，教师应为学生创设真实的、与语篇主题密切相关的情境，鼓励学习者在真实生动的情境中获取和加工信息，开展不同层次的学习活动，即学习理解、应用实践和迁移创新类的学习活动，引导学生用探究和发现的方法在发现问题、获取信息和解决问题的过程中建构知识的意义。在阅读课堂情境中，学生能够充分与语篇互动，通过自我协商和相互协商的方式探索文本内容。

此外，课标倡导教师深入研读语篇，多层次、多角度分析语篇所传递的意义，帮助学生深刻理解语篇，把语言学习与意义探究融为一体（教育部，2020:60），这体现了阅读课堂的"产出任务"或"前端任务"之一就是帮助和促进学习者建构对语篇意义的理解，从而帮助学生发展学习自主、合作和探究的学习方式，着力提高学用能力也是课标中提出的"教学建议"（教育部，2020:3）。主动学习的开展对教师提出了更高的要求

> 教师应创设机会，通过有梯度、有关联的教学活动引导学生整合学习语言、思维和文化，在活动中获取、阐释和评判语篇意义，使学生成为主动的学习者。

和期待,教师应创设机会,通过有梯度、有关联的教学活动引导学生整合学习语言、思维和文化,在活动中获取、阐释和评判语篇意义,使学生成为主动的学习者。

(三)主动学习视阈下阅读教学中的意义建构

阅读课堂教学中的意义建构,其核心在于学习者个体的学习动机和情感意愿。因此,教师要创造学习机会、给予学习者充分的时间和空间,营造包容和支持的学习环境,使学习者有机会得以自主开展信息梳理、概括归纳、推断评价。在意义协商过程中,教师要鼓励学习者开展对话与协作,以意义为先进行自主表达,从而优化学习过程中的积极体验,这将促使学习者产生真正的学习需求,实现情感认同,并以高投入的状态从不同维度付诸努力。学习者对学习活动的情感认同、在合作探究中的归属感、对学习过程的主体角色认识是主动学习开展的前提,如此才能实现知情意行的和谐一致,认识到个体责任并愿意从"学习知识"向"学会学习"转变。

> 主动学习的核心在于学习者个体的学习动机和情感意愿。因此,教师要创造学习机会、给予学习者充分的时间和空间,营造包容和支持的学习环境。

于教师而言,为了引导学生充分发挥主动性并在课堂学习中积极、主动地建构意义,参与意义探究,教师需充分理解主动学习的内涵和学习发生的内在机制,驱动学生的学习意愿,引导学生在情境中主动开展对

> 教师应树立以意义增长为目标的课堂生成观,理念先行,确保行动落地。

文本的探究学习。教师应树立以意义增长为目标的课堂
生成观,理念先行,确保行动落地。同时,教师要转变角
色职能,提供必要的支架,赋能学生在课堂中的意义
建构。

　　此外,作为一种学习方式,主动学习"强调学生主动
体验学习过程,学生的参与程度决定主动学习的层次"
(Bonwell & Eison,1991:430)。因此,在阅读教学中,教
师应为学生提供体验主动学习的机会,创设以学习者为
主体的情境活动,促使学习者将所学知识得以内化,将其
转化为能力和素养,并在新的情境中迁移运用所学知识
解决问题。这彰显了活动观理念的优势所在,体现了对
学生真正将知识"内化"的重视。在这样的阅读课堂中,
学习者能够以主动的姿态投入意义探究的过程,在多样
化和不同层次的学习活动中逐步建构对知识的理解。学
习者通过学习理解类活动获取信息,初步形成新的知识
结构,亲历对问题的描述阐释和分析判断内化新知,并进
一步在迁移创新类活动中跳出文本与作者对话,思考如
何将所学知识与自身生活相联系,运用文本所传递的价
值性知识,在"悟"的阶段实现内化,实现个体的领悟与养
成,从而观照课程视域下的英语阅读课堂"学—思—悟"
教学思路(葛炳芳,印佳欢,2021:1)。

　　可见,在主动学习视阈下的阅读课堂中,学生进行意
义建构的过程观照了"以意义加工为核心的主动学习活
动"和"以思想建构为核心要素的过程体验"(葛炳芳,
2024:53),这体现了上位理念和课程顶层设计对主动学
习的内在要求,体现了知识内化过程中学习者主动投入
知识建构过程和体验深度学习的必然性。阅读课堂中的
主动学习是指"学生在教师指导下逐步开展自主提问,主
动建构意义,主动运用所学知识建立与文本、作者、世界

和自我间的关联，从而表达新思想"（葛炳芳，2024：53）。学生主动建构意义的过程是学生主动获取信息、加工信息、建立联系，进而表达思想的过程（葛炳芳，2024：53），课堂中的意义加工活动都以学习者体验主动学习的过程为基础，因此教师要构建以学生体验为中心的课堂生态，从而引发课堂中的主动学习行为。

> 教师要构建以学生体验为中心的课堂生态，从而引发课堂中的主动学习行为。

二、阅读课堂中意义建构的特质

建构主义认为学习者在一定的情境即社会文化背景下，通过意义建构的方式获得知识，而情境、协作、会话是课堂社会环境中的要素和条件。建构主义的教学隐喻对课堂站位和立场提出了更高的要求，期待课堂教学能充分发挥学生的自主性。同时，课标所提出的英语学习活动观以建构主义为重要理论基础，这体现了课程顶层设计的内涵和信念：语言学习是一个主动构建的过程。教师需要理解主动学习的内在逻辑和知识建构的发生机制，建立实践信念并在课堂实际教学中真正改变"说话的机会"，即话语权（葛炳芳，2024：56）。

为此，教师要创设与主题密切相关的情境，引导学生自主提问和主动整合信息，营设鼓励"学生自主建构知识、整合观点、迁移信息以解决问题"（李璇律，田莉，2019：1）的学习

> 教师要创设与主题密切相关的情境，引导学生自主提问和主动整合信息，营设意义建构场域，推动学习者在知识建构过程中高参与、高投入、深加工的学习状态。

场域,推动学习者在知识建构过程中高参与、高投入、深加工的学习状态,激发内在的学习动机和兴趣。在这样的学习环境中,学生才能获得寻求知识意义的驱动力,愿意尝试用探究和发现的方法建构知识和意义,使其始终处于认知主体地位,成为意义的主动建构者,这一过程实则体现了主动学习视阈下的课堂教学所蕴含的知识观、学生观和教师观。

在阅读教学的"语境"下,意义建构围绕着文本内涵的理解发生。学生在体验主动学习的过程中逐步实现对文本内涵的深刻理解,调适学习过程中的个体行为,逐步发展自主学习能力。因而,教师要"建立起积极的、合作的、互动的学习文化",引导学生在学习过程中主动参与"以意义加工为核心的主动学习活动"(葛炳芳,2024:55),充分利用课堂这一社会文化环境支持个体知识建构和群体知识建构。教师鼓励学习者通过主动提问和自主阅读解惑展开对文本的意义加工,以此作为培养自主学习能力的重要契机,撬动主动学习的进程。学习者在真实的社会情境中开展对语篇的探究,"在自主解疑的过程中梳理基本信息、生成语言的结构化梳理"(葛炳芳,2023:5),从而基于对细节信息的梳理初步形成语篇的知识结构。学习者在学习共同体中与他人相互依赖、探究、交流和协作,回应文本关键内容和信息、完善所形成的知识结构,提炼上位概念和结构化知识,在与文本动态交互的过程中实现动态的意义建构。如此,学习者得以通过意义协商贡献个体智识、凝

> 阅读课堂中的意义建构发生场域和知识建构的真实过程实则从不同维度体现了意义建构的内涵特质,即意义建构的社会性、主体性和渐进性。

聚集体智慧，群体协作共同建构知识、实现意义共享，从而逐渐丰富、修正并完善对文本内涵的理解，逐步建构对语篇主题意义的理解。

因此，阅读课堂中的意义建构发生场域和知识建构的真实过程实则从不同维度体现了意义建构的内涵特质，即意义建构的社会性、主体性和渐进性。

（一）意义建构的社会性

学界对主动学习（active learning）的讨论围绕"知识是否真正建构"展开，其中涉及了"社会与文化"（Lombardi *et al.*，2021：10）层面的讨论，这体现了主动学习过程中的"社会文化"变量。换言之，主动学习关乎学习者的社会行为，强调学习者的参与度（Lombardi *et al.*，2021：19），即在意义探究活动中的过程参与。建构主义理论认为课堂情境的创设十分重要，情境必须有利于学生对所学内容的意义建构（何克抗，2002：58），而社会建构主义（social constructivism）更为显性地观照了学习环境中的社会性，认为知识建构活动是在社会文化背景下发生，学习者则是在"对话与合作中学习"（钟启泉，2001：45），这揭示了意义建构是个体认识活动与社会情境交互作用的结果。换言之，"认识"不是个体独自产生的，而是通过与他人的相互作用、合作活动才有可能产生，其焦点在于人的行为中的"意义"维度与人际沟通，在社会文化相互场中探寻学习者的意义发生场则显得尤为重要。

【课例片段 9】在执教高中英语必修三 Unit 2 Reading and Thinking：*Mother of Ten Thousand Babies* 时，教师请学生根据时间线索自主梳理出林巧稚人生不同阶段的细节信息后，通读全文并自主梳理细节，

尝试回答自主提问阶段的问题。之后进行小组讨论,协作整合细节信息。以下是一个小组的讨论片段:

S1：Lin Qiaozhi chose to study medicine at the age of 18.

S2：Yes，that's a hard life choice.

S3：Okay，why was it a hard choice?

S2：Because at that time，the traditional path was marriage. Her brother complained："Finding a good husband should be their final goal."

S4：And also tuition fees were high. Maybe Lin Qiaozhi's family couldn't afford the cost.

S1： That was very different from today's situation. We can get family's support to study medicine. It was very hard for a powerless girl like Lin Qiaozhi to follow her dream. She must be very determined and strong-minded.

S3：In some sense，I think，she even broke the traditional way. She was really brave.

S2：Yes，maybe her family would blame her for the choice，but for her dream，she still did it，so she was persistent.

在小组交流和讨论中,学生能够互相启发,降低认知负荷。在协作知识建构阶段,学生带着共同的阅读目标,分享自己对问题的理解,他们的回答既包括对于"choice"本身内容的建构,也有对"choice"背后反映的人物性格的分析。此时,对文本内容的理解在学生之间得以交流,通过讨论,学生在原有认知结构或经验的基础上,补充、更新甚至改组或推翻原有的知识经验,甚至创造新意义,完成了对于人物品质和性格的初步感知,并且深化了对林巧稚经历的重重困难的理解。

从课程顶层理念的角度看,课标从学科育人的角度倡导自主学习、合作学习、探究学习(教育部,2020:68),要求教师创设有利于学生主动探究意义的学习场域和课堂情境。英语学习活动观也与 Kumaravadivelu(2006:161)提出的后方法时代的宏观教学策略相呼应,尤其使学生学习机会最大化、促进互动与意义协商、体现语境化的语言输入、确保社会关联(王蔷等,2021:3),这也从另一个侧面体现了意义建构场域的社会性。因此,教师要深刻理解课堂学习环境的本质

> 教师要深刻理解课堂学习环境的本质和知识的社会性特征,引导学生通过学习文字符号系统,参与理解和表达意义的真实社会情境下的交流活动,使学习在知识的社会协商中真实发生。

和知识的社会性特征,引导学生通过学习文字符号系统,参与真实社会情境下理解和表达意义的交流活动,使学习在知识的社会协商中真实发生。

理想的学习环境应能"给养"学习者的建构学习活动,既能支持个体知识建构,也能支持协作(群体)知识建构(钟志贤,2005:20)。课堂情境比较强调协作建构,学习者通过分享个体观点和见解,促进知识和意义在个体间的"流动",或通过群体协作共同建构知识、实现意义共享,能够作为协作支持系统通过情境活动、抛锚等方式引发学习者互动和对话协商。同时,学习共同体是"进行知识的社会协商和建构的重要方式之一"(钟志贤,2005:22),学习者与他人相互依赖、探究、交流和协作,在合作探究中丰盈了归属感、信任感、互惠感和分享感,体现了"即时互动"的意义和力量。学习者通过讨论协商贡献个体知识和凝聚集体智慧,"协商"是社会建构主义所强调

的知识建构的本质特点，这主要依托能够给养建构活动的社会文化环境，即创设真实情境、设计渐进任务和鼓励协商对话的课堂。

【课例片段10】这个课例选自外研版普通高中教科书《英语》必修一 Unit 5 Into the Wild — Developing ideas：*An Encounter with Nature*。该语篇为叙事性文本，讲述了一名自然摄影师在美国黄石国家公园的一次惊心动魄的拍摄熊的经历。执教教师引导学生聚焦本文题眼"frightening and magical"，通读全文找出支撑细节并在组内交流讨论。以下是一个小组关于"magical"一词的讨论片段：

S1：The bear didn't attack me but it ran back, that's very magical.

S2：I think it was unbelievable because usually the bear is very dangerous and violent. And the bear is in the wild not in the zoo. I think normally, it would attack human.

S3：Yes, I agree. Maybe the bear is not strong enough and it was his first time to see human. He didn't dare to attack.

S1：That's interesting.

S4：I think what is the most magical one is that the bear waited a second. I just don't understand why.

S2：Oh, maybe the bear was very familiar with photographer taking pictures, so he waited a second for the photographer to take a picture.

S3：I think maybe the bear was afraid of strangers too because he ran back instead of walking back.

S1：Wow, the bear is very cute and lovely.

【说明】在此小组讨论中,学生对于"magical"一词的理解由浅入深,小组成员间相互支持与鼓励,提供了安全、受尊重的学习环境。在这样的课堂社会情境中,学生可以畅所欲言,结合文本信息展开合理的关联和想象,使个体知识的建构在群体之间流动,并逐步加深对文中熊的形象的多维度理解,既有令人害怕的一面,也有可爱灵动的一面。

总而言之,教师可从融通理解逻辑设计任务、创设情境鼓励主体参与、利用课堂环境给养知识建构、营设多元协商对话环境和创造外显意义建构成果的表达机会等方面充分发挥课堂社会环境的有利条件,创造有利于开展意义协商的社会环境。

> 融通理解逻辑设计任务、创设情境鼓励主体参与、利用课堂环境给养知识建构、营设多元协商对话环境和创造外显意义建构成果的表达机会等策略能充分发挥课堂社会环境的有利条件,创造有利于开展意义协商的社会环境。

(二)意义建构的主体性

自主学习被定义为"自己主宰学习的能力"(Holec,1981:3),这体现了主动学习关注学习者持续的学习能力。相似地,建构主义学习理论关注学习者已有的认知和经验,也强调学习的主动性、社会性和情境性(范琳,张其云,2003:1),关注学习者在课堂这一社会环境中的主体参与。因此,教师要逐渐放

> 教师要逐渐放手将课堂还给学生,创设学生自主学习的环境,使学生体验问题解决的过程,提供机会让学生能够在不同情境中应用知识,将知识外化。

手将课堂还给学生,创设学生自主学习的环境,使学生体验问题解决的过程,提供机会让学生能够在不同情境中应用知识,将知识外化(印佳欢,2024:54),利用课堂社会环境中的有利要素调动学习者的主动性在阅读过程中积极、主动地建构意义,从而实现课堂学习的终极目标——意义建构。可见,建构主义高度关注知识意义建构的主体——"学习者"的主体性,强调学生对知识的主动探索、主动发现和对知识意义的主动构建(何克抗,1997:4)。

就教师而言,教师要充分理解知识积累与建构的渐进性特征,并充分尊重学生在阅读过程中的学生主体地位。在课堂教学中,教师应在学生自主提问、自主阅读、自主回答的过程中凸显其主体地位,通过学生提问和回答推动阅读进程,并根据生成及时追问,引导学生深入探究(印佳欢,2024:55)。教师应以学生的真实阅读过程和动态生成为基础,关注意义为先的自主生成,充分尊重学习者在知识建构过程中的主体地位。同时,教师也应树立以意义增长为目标的课堂生成观。

就阅读课堂中的主体参与而言,教师要创设情境鼓励学生通过做事来解决问题,激发内在动机,主动探索、主动思考、主动表达,使学生始终处于认知的主体地位,教师鼓励学生在课堂伊始开展自主提问,使他们意识到自己是阅读思考和解决问题的主体,引发其对任务的归属感、价值感、尊重感和方向感(印佳欢,2024:55)。然而,尊重学习者的主体地位并不意味着教师角色的缺位。就教师角色而言,教师要在深入解读文本的基础上厘清文章的行文逻辑,平衡文章逻辑和学生理解逻辑,动态处理预设和生成的关系,使学生解决问题的顺序符合意义探究的主线,也符合学习的心理逻辑,借此激发学习者探究文本的兴趣和动力。教师还要给予学生无干扰阅读的教师要在深入解读文本的基础上厘清文章的行文逻辑，平衡文章逻辑和学生理解逻辑，动态处理预设和生成的关系，使学生解决问题的顺序符合意义探究的主线，也符合学习的心理逻辑，借此激发学习者探究文本的兴趣和动力。

时间和空间，使学生能够亲历梳理细节信息的过程，开展个性化的阅读过程，让学生独立思考、主动探索文本，成为积极主动的思考者。

【课例片段 11】

教师在执教外研版普通高中教科书《英语》必修一 Unit 5 Into the Wild—Developing ideas：*An Encounter with Nature* 的导入环节后，学生已经充分激活了对本话题的背景图式，在此基础上，教师引导学生开展第一遍开放程度极高的阅读。

T：Read the whole passage and think：what do you think of this encounter?

在读后分享环节，教师通过问题链（Q1～Q4）引导学生从已知的个人游历体验过渡到未知的文本探究。

Q1：Is the writer's encounter the same as yours?

Q2：If you had a chance to choose, which encounter would you like to have? Why?

Q3：What do you think of his encounter with nature?

Q4：What are the writer's comments?

该环节的教学形式是传统的师问生答，但问题的开放度极高。开放式问题能够鼓励学生通过参与评判性思维和整合技能来培养自主性，这体现了课堂上主动学习的特征之一。通过 Q1，学生能够关联个体经历，并对照作者的体验进行对比。在对比中，学生通过自主找寻文本信息来发现两段经历的不同之处。教师借助追问

"How different?"，带领学生迅速梳理本文的背景信息，如时间、地点、人物的职业等。Q2 和 Q3 旨在让学生做出个性化判断，这种评价基于对文本的整体感知，学生的回答包括"I prefer my own encounter because the writer's is very dangerous." "I like the writer's encounter because that's exciting."。Q4 引导学生关注文本信息中作者的观点，即"breathtaking""frightening""magical"组成的三组形容词，学生在问题链的引导下，主动探索文本，积极思考并主动表达，成为积极思考的阅读者。

意义建构中的主体性在课堂中体现为"说话的机会"，即话语权。因此，教师应该关注到不同学习水平和程度的学习者，激发每个学生个体的认知能力，营造主动学习的环境，即从激发内部的需求和能力、营造外部的学习文化入手（葛炳芳，2024：56），为学生搭建完成任务和参与活动的支架，使不同程度的学生都能积极投入探究的过程，强化学生的参与度和积极性，逐步发展学习能力并尝试挑战更高难度的任务。

(三)意义建构的渐进性

阅读课堂中，学习者个体对文本内容和意义理解的过程总是渐进的，逐步丰富的，这体现在主动学习的不同方面。从学习者的自主学习能力看，主动学习关注学生内在的学习动机和持续的学习能力，关注学习能力的长期发展（印佳欢，2024：53）。学习者对个体角色和责任的认识、对主动学习的情意认同是积极投入主动学习过程、成为主动的意义建构者的重要前提，也是不断修正理解、不断适应学习、不断发展能力的内在驱动力。因此，渐进的学习任务总是与学生渐进的主动学习能力的提升同步

"兑现"(葛炳芳,2024:54),学习能力的发展是逐步提升的,这也符合课标对于培养终身学习者的期待。

从对文本的理解探究看,阅读课堂中的主动学习往往由自主提问引领,由此引发学习者对文本的主动阅读、思考、探究和协商,促进学习者对文本的"渐进"理解。学习者通过获取、整合、加工信息并加以阐释分析,对文本的内涵和意义理解"逐渐深入",最终用所学语言表达"新"的想法,内化所学并建构意义。在阅读过程中读者的理解处于不断丰富、完善和修正的过程中,体现了动态的意义建构过程(葛炳芳,2024:53)和知识逐步积累建构的过程,即学习者在与文本的互动过程中、在合作探究的多维协商中不断调适主动学习。同时,教师应在教学过程中"抛锚"并引导学生消除"锚",提供问题解决的相应线索和过程支持,这也体现了意义建构是一个渐进的过程。

> 教师应在教学过程中"抛锚"并引导学生消除"锚",提供问题解决的相应线索和过程支持,这也体现了意义建构的渐进过程。

【课例片段 12】在执教高中英语必修三 Unit 2 Reading and Thinking：*Mother of Ten Thousand Babies* 过程中,学生已经梳理完林巧稚所做的人生抉择,接着,教师提问：Why were these choices hard? 并请学生再次思考林巧稚做出这些抉择时面临的挑战和困难,学生通过这个"锚",对第一遍读到的细节信息再次整合概括,并形成两者间的对抗关系图(图 3.1)。

可见林巧稚在人生抉择中,克服了社会偏见、家人反对、经济困难,抵御了更优职业发展的诱惑,甚至不顾个人生命安危等重重挑战。

在第一遍梳理浅层信息后,通过关键问题的引导,学

Choices

Obstacles

· Study medicine
· Come back home to serve the woman and children
· Risk life to help
· Solid medical work
· For others

· Family's objection
· Society's prejudice
· Economic pressure
· An easier and better professional development abroad
· Financial challenges
· Life risks
· Long journeys
· Distraction from other duties
· Her own family
· Her own medical care

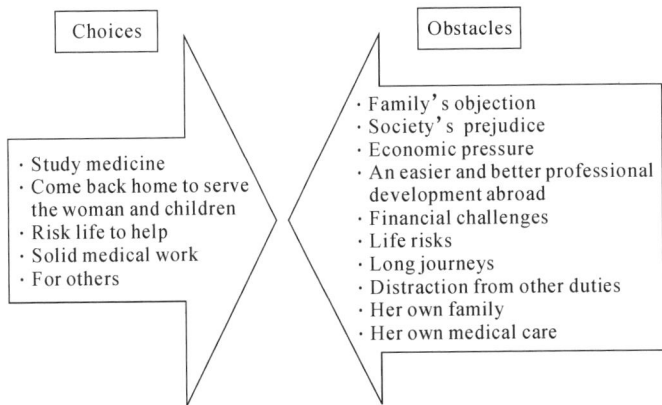

图 3.1　"选择—障碍"概念化信息对比关系图

生的思维步步走向深处,思考选择背后人物所承受的压力和挑战,这是课堂走向主题意义探究的重要一步,也是学生从细节梳理至信息整合、信息概念化过程的重要一步,这个环节体现了学生意义加工的层次性和渐进过程。

　　从学习者的思维发展看,思维作为阅读课堂教学的有机组成部分,在知识和意义的建构过程中从低阶向高阶稳步发展,教师应在"学思结合"的基础上关注"悟"的发生。课程视域下的课堂教学要求教师具备课程意识,从而突破记中学和事实性知识的教学格局(吴刚平,2018:13),以阅读教学的综合视野为基础,关注知识的深层次建构与内化,关注学习者对文本从感知体验、判断回应到领悟养成的认知发展和思维层次递进的过程。可见,意义建构的渐进性体现在学习能力发展、文本意义探究、思维层次递进等不同方面。

> 意义建构的渐进性体现在学习能力发展、文本意义探究、思维层次递进等不同方面。

【课例片段 13】在执教 *Mother of Ten Thousand Babies* 阅读语篇时，前序环节已经探讨了林巧稚的选择即"*life choices*"并在交互协商讨论的过程中深入理解选择背后的困难，深化了对"*hard*"一词的意义理解。林巧稚人生抉择所带来的价值和意义是深入探究文本主题意义的关键。在此环节，教师提问：Since Dr Lin had to make such sacrifice and make those hard choices, what were the results or value of her actions?

S1：Having delivered over 50,000 babies in her lifetime.

T：Only babies? Who gave birth to the babies? What about other areas?

S2：She also made 50,000 mothers healthy and 50,000 families have hope and happiness.

S3：She made contribution to medical research, caring for women and training the next generation of doctors.

S4：She left her savings to a kindergarten and a fund for new doctors. So I think the value also includes her help for kids' education and doctors' training.

T：What kind of person was Dr Lin Qiaozhi? Why was Dr Lin Qiaozhi an amazing woman?

Ss：She was determined, patriotic, outstanding, selfless, brave, generous, dedicated.

由于林巧稚人生抉择所带来的价值和意义是深入探究文本主题意义的关键，学生对"选择"带来的价值的理解帮助他们更全面、更深入地建构了林巧稚医生的伟大形象。学生在主题意义"Lin Qiaozhi as an amazing woman"的引领下，梳理了"Choices—Obstacles—

Value—Qualities"这样一条逻辑线索。学生顺着意义探究的主线，从不同角度理解了林巧稚人生选择创造的个人价值和社会价值，逐步加深对文本的意义理解，发展思维层次，意义建构的过程也逐步丰富、多元。

综上所述，阅读课堂的意义建构围绕学生对文本内涵的理解发生。随着阅读活动的深入，学习者对文本的理解也逐步丰富。学习者要经历对语篇内容的解构重构、阐释分析、判断推理等意义加工过

> 学习者要经历对语篇内容的解构重构、阐释分析、判断推理等意义加工过程，亲历思考、阐释、分析、比较和体悟，与文本进行多维对话和意义协商，形成对问题的观点和见解。

程，亲历思考、阐释、分析、比较和体悟，与文本进行多维对话和意义协商，形成对问题的观点和见解，构建对文本内容和主题意义的理解并表达"新"的思想，观照个体的意义"增值"。意义建构不仅在于学习者对表层事实信息的理解整合，更关注通过对文本关键问题的不断回应和合作探究中的意义协商逐步建立意义关联。如此，学生才能在梳理细节信息的基础上进行概念化分类，并在概念化基础上进行结构化整理（葛炳芳，2024：56），通过有梯度的"过程性"活动深化对文本内涵的理解，在意义协商的过程中向"概念化"和"结构化"不断靠近，观照阅读课堂的"出口任务"。

总之，意义建构强调了阅读课堂中学习者之间、学习者与教师之间的积极互动在知识建构过程中的重要性。通过创造一个支持互动的学习环境，教师能够有效促进学生的自主学习，使其在动态的交互中不断发展和深化对文本的理解，从而实现真正的意义建构。

三、主动学习视阈下阅读课堂中的意义建构路径

如上所述，主动学习视域下的阅读课堂中的意义建构是在课堂的社会文化情境中进行的。教师要为学生营设有利于主动学习的环境，即安全、尊重、支持的学习环境——意义建构语域，从而充分发挥学生的主动性来建构知识与意义。在课堂中，学习者能够通过渐进的学习任务和有梯度的"过程性"活动，围绕文本开展自主提问、自主解惑和讨论交流，通过以意义加工为核心的活动，展开对文本的意义建构，不断解构和重构信息，主动获取信息、加工信息、建立联系，逐步丰富和修正对文本的理解，进而表达思想，这充分体现了意义建构的社会性、主动性和渐进性特质。

同时，阅读课堂中的意义建构并不是一个线性的过程，而是一个意义流变（a process of meaning-in-motion）（Langer *et al*.，1990：430）的过程。学习者是在与环境的交互中，动态建构对文本的理解。换言之，意义建构并不是发生在某一个固定的课堂环节或节点，而是随着学生对文本内涵"渐进"的理解，在学生梳理信息、厘清知识结构的基础上，通过多种方式建构知识所实现的意义增值。

综上所述，主动学习视阈下阅读课堂中的意义建构路径如图3.2所示，该模型展示了文本信息的不同"加工"环节和课堂意义建构的渐进过程。理解细节信息、提炼上位概念、形成知识结构和体悟迁移拓展是阅读课堂中信息加工和意义建构的必经之路。在意义建构的过程中，学习者在意义建构场域中通过自我协商、相互协商和多维互动等不同方式共同建构对信息和知识的理解。在

整个过程中,学习者始终是阅读思考和知识建构的认知主体,是主动学习最重要的参与者。

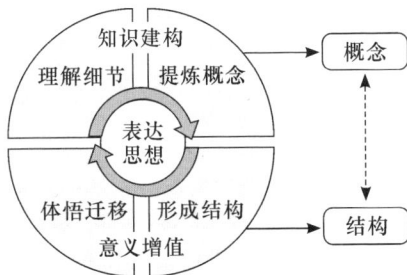

图 3.2　主动学习视阈下阅读课堂中的意义建构路径

阅读课堂中的主动学习由自主提问引领,通过自主提问,学习者以主动的姿态投入课堂学习活动,开展主动阅读、主动思考和主动探究。学生在无干扰阅读的过程中开展充分的"自我协商"(何克抗,2002:59),整体理解、梳理概括细节信息。自主阅读后获得的信息往往是碎片化的,因此要在分享自主阅读所思所获的过程中,通过多元互动进一步加工信息,厘清信息间的层次,并在教师引导下提炼上位概念,即基于文本细节信息的梳理进行概念化分类,厘清重要概念之间的关系,深化对文本内容的理解,基于表层细节信息的加工提炼上位概念。

在学习者构建对文本的整体理解后,教师要引导学生进一步加工细节信息,运用信息结构图等支架工具整理自主阅读后碎片化的信息,更深入地对文本信息进行加工,梳理信息层次之间的关系,并在此基础上提炼概念。教师要帮助学生进行"在概念化基础上的结构化整理"(葛炳芳,2024:56),引导学生从"概念化"走向"结构化"。如此,学习者开展的互动、讨论和探究活动便有了更扎实的信息支撑和切实的聚集点。在梳理细节信息并提炼概念后，学习者可以再次回到文本，在教师的引导下回应文本中的关键问题，也就是能够帮助学习者深入理解主题意义、深化语篇内涵理解的问题。学习者也可以通过不同形式的阅读活动进一步获取和加工信息，实现对文本内涵更深层次的理解，完善初步形成的概念，并逐步从"概念化"向"结构化"的知识靠近，为实现文本与自我理解的意义关联做好铺垫。

在迁移运用阶段，教师可以创设情境、创设锚点并提供机会使学习者得以"外显"基于文本的思考体悟，并通过关联自我、迁移运用所学内容、思维和语言知识表达思想，充分展现个体意义建构成果，观照阅读课堂的"意义增值"。学生能够依托课堂意义建构场域，在新的情境中反观自我、对话现实世界，开展深度的信息加工，从而促进知识和意义在个体间的"流动"。这一过程体现了学生对文本内涵的深刻理解、思维的不断发展和意义建构能力的螺旋式上升。

值得一提的是，在意义建构的过程中，"协商"无疑是一个重要的关键词，体现了社会建构主义所强调的知识建构的本质特点，凸显了课堂社会情境对知识建构的协作支持作用。学生通过讨论贡献个体智识和凝聚集体智慧，体现了不同个体的独立思考，即意义建构的多元性，使学习者得以在协作学习的过程中反思、修正自己的理解，最终指向学生"主动表达思想"的能力，也观照了对元认知能力、探究学习的能力和迁移创新能力的培养，使学习者真正成为负责任的、具备自主学习能力的终身学习者。

四、阅读课堂中促进意义建构的教学策略

上述模型充分展示了意义建构的特质内涵和教学路径。为了引导学生在阅读过程中积极、主动地建构意义，教师要充分了解阅读课堂中主动学习的本质内涵，从社会性、主体性和渐进性等方面理解主动学习的内在要求，并发展学生意

> 教师要充分了解阅读课堂中主动学习的本质内涵，从社会性、主体性和渐进性等方面理解主动学习的内在要求，并发展学生意义建构能力的路径。

义建构能力的路径。教师要根据建构主义的教学隐喻改进课堂教学，尊重学生真实的阅读生成过程，发展学生建构知识和意义的能力。

教师可以引导学生从理解细节、提炼概念、形成结构和体悟迁移等方面探讨阅读课堂中意义建构的教学策略，始终以自主生成为核心，使其收获积极的过程体验。教师要引导学生通过自主提问，给予学生充足的无干扰时间开展自主阅读，整体理解文本并梳理细节信息。学生通过激发内在动机，主动探索、主动思考、主动表达，始终处于认知的主体地位。教师要引导学生在获得碎片化信息后使用策略和工具进一步加工信息，为整合表层信息、加工深层思想提供工具支架，提高理解和表达的效果，以达到提炼概念的目的。教师要引导学生基于概念化分类形成结构化知识，充分发挥课堂情境的社会性开展相互协商，帮助学生对文本信息的加工从"概念化"走向"结构化"。就体悟迁移而言，教师要引导学生创设情境迁移语言、内容和思维的学习成果，关联自我并尝试进行更为深度的意义加工，教师通过"抛锚"引发学生在消

除"锚"的过程中实现意义增值。

(一)自主提问理解细节,互动加工关注主线

在阅读课堂中,主动学习由自主提问引领。自主提问不仅激活学生的内在动机,还能够鼓励学生以主动的姿态开展主动阅读、思考和探究。教师通过引导学生围绕文本主线自主提问,帮助学生梳理语篇主要的细节信息和逻辑结构,明确学习目标,增强对任务的归属感、价值感、尊重感和方向感。

在学生自主提问后,教师应留出充足的无干扰阅读时间,让学生独立思考、主动探索文本,成为积极的思考者。在这个过程中,学生可以进行充分的"自我协商",整体理解文本并梳理细节信息。无干扰阅读使学生能够通过无干扰阅读体验自主阅读和思考,获得对文本内容的初步理解。

自主阅读后学生获得的信息是碎片化的,为了帮助学生梳理文本表层信息、理解文本的细节内容,教师应设计多元互动活动,如师生对话、生生对话,促进学生之间的合作与交流。通过分享自主阅读的思考和收获,学生可以在互动中相互启发,共同完善对文本细节信息的梳理,这能够帮助学生整合表层信息和细节内容,还能够引导学生通过梳理细节信息关注文本主线。

学生自主提问并不意味着教师角色缺位。教师不仅要引导学生自主提问,还要根据学情调整问题顺序和合并相似问题,动态处理预设和生成的关系,确保解决问题的顺序符

> 教师应依据学情调整问题顺序和合并相似问题,动态处理预设和生成的关系,确保解决问题的顺序符合意义探究的主线和学习的心理逻辑。

合意义探究的主线和学习的心理逻辑。教师还需用文本主线将零散的知识串联起来,设计围绕主线的活动,促进学生对文本的深入探究。教师要提供必要的支架,帮助学生在自主学习中逐步发展自主学习能力和评判性思维。

【课例片段 14】在执教高中英语必修三 Unit2 Reading and Thinking：*Mother of Ten Thousand Babies* 时,教师请学生阅读文本首段,并聚焦陈述部分,提出开放式问题：What do you think is the key information in this part? 学生的回答涵盖了"the heart""amazing woman""hard choices"等关键词。通过这一环节,学生能在阅读文本之初对林巧稚医生有了初步印象。之后的无干扰阅读中,学生自主梳理并逐渐理解其中蕴含的意义。有了关键词的铺垫,学生进一步自主提问,预测后文的主要内容：What will the following paragraphs be about? 学生提出的问题包括：

1. What were the hard choices throughout her life?
2. Why were these choices hard?
3. What was the heart of Lin Qiaozhi like?
4. Why was she an amazing woman?

学习者通过阅读文本找出与主人公相关的关键词,这是自主搭建脚手架的过程。以关键词为依据和抓手开展有效的自主提问活动,能促进学生积极思考和体验。教师充分发挥学生的主动性,以学生自主提问为契机设计教学活动,梳理文本的主线。通过该教学环节,学生梳理整合关键信息并尝试分析这些信息之间的关系,从而在阅读过程中不断构建和完善自己的认知结构,提升了阅读理解能力和评判性思维,为接下来提炼概念化信息做好铺垫。

【课例片段 15】在执教高中英语选择性必修二 Unit 1 Reading and Thinking：*John Snow Defeats "King Cholera"* 时，教师在导入部分后，请学生聚焦标题提出自己的疑问。学生自主提问包括：

1. Who is John Snow?
2. What is cholera?
3. Why is cholera called "king"?
4. How did John Snow defeat "king cholera"?
5. Is it difficult to defeat "king cholera"?

接着，教师请学生无干扰阅读，梳理整合细节信息并尝试回答这些问题。在梳理完整 John Snow 发现霍乱病菌源头的科研过程后，教师再次引导学生基于 John Snow 研究过程中的细节开展二轮自主提问：Now we are clear about the process how John Snow defeated "king cholera" and we have solved all the questions you raised. Do you have any other questions? 二轮提问中，学生的问题包括：

6. What qualities did John Snow have to support him all along?

7. Does this process apply to other scientific researches?

8. What other difficulties did he meet and how did he overcome them?

此课例片段包括两次自主提问。第一次提问是学生在读前阶段基于标题的预测，第二次自主提问是对于已知信息的深层挖掘，是指向主题意义的提问。两次提问涉及的信息量和思维量都是逐步加深。在两轮自主提问中，学生充分独立积极思考、主动探索文本，学生在课堂不同环节的自主提问引发了对人物的科研精神及科研过程的主动阅读思考。

(二)借助支架梳理信息,提炼概念促进认知

在阅读教学中,教师可以借助信息技术创新设计语言学习素材和活动呈现方式,利用色彩、图示等多模态元素,提供多样化的学习资源。通过使用信息结构图、思维导图等支架工具,学生能够将自主阅读后获得的细节信息进行梳理

> 通过使用信息结构图、思维导图等支架工具,学生能够将自主阅读后获得的细节信息进行梳理和整合,基于信息提炼上位概念,使隐性思维过程得以外显。

和整合,基于信息提炼上位概念,使隐性思维过程得以外显。学生将碎片化信息经过整合并逐步提炼概念的过程需要历经概括、整合、重组、提炼等复杂的思维活动,这些活动对学生的思维层次要求较高。学生能够通过这些思维活动实现对信息的深度加工。

学生可以借多种思维工具,如圆圈图、韦恩图、双气泡图、树形图、流程图等,这些思维可视化工具能够帮助梳理文本整体结构,发现内部逻辑关系(国红延,2023:16),从而更好地建构对语篇内容和主题意义的理解。值得注意的是,思维工具本质上是促进学习的"脚手架",能够帮助学生掌握语言和文化知识,但更重要的是要将这种可视化工具和其他学习策略结合起来使用(陈静波,李金梅,2006:22),鼓励学生协同使用多种学习策略,将所获取的信息进行分析、概括和整合,减轻学生的认知负担,从而帮助学生将注意力聚焦在文本内容更高层次的意义加工上,发展元认知能力,促进思维能力和学习能力的发展。

此外,教师应根据学情和学生的认知发展水平,灵活

调整这些思维支架的使用方式,使其更好地服务于学生的个性化学习需求。通过多层次、多维度的支架支持,学生不仅能够有效整理信息、提炼概念,还能够在复杂的学习活动中独立思考、主动探索,借助可视化工具来描述和阐释信息,帮助学习者运用更为有效的认知策略,关注学习成果。

【课例片段 16】在执教高中英语必修一 Unit 4 Workbook：*The Story of an Eyewitness* 的过程中,学生完成无干扰阅读后,教师提出以下四个问题(Q1—Q4),并请学生小组协作,合作完成思维导图(见图 3.3)。

Q1：Who is the eyewitness?

Q2：What disaster was it?

Q3：In what order was the story developed?

Q4：What was the level of the disaster? Why?

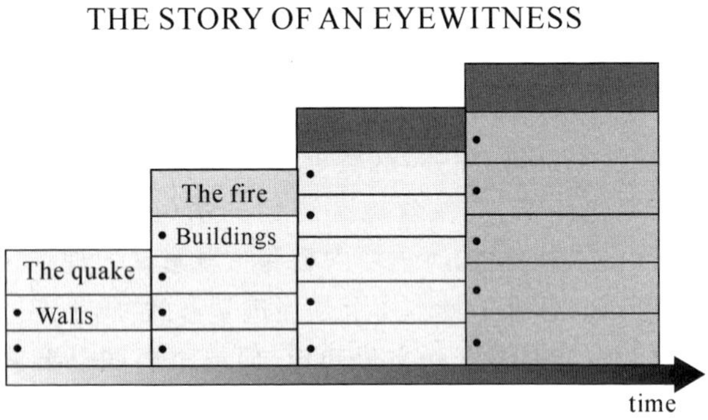

THE STORY OF AN EYEWITNESS

图 3.3　地震过程细节信息梳理图

教师在学生的回答过程中,和学生一起将碎片化的信息归纳整理后填入以下表格(见表 3.1)。

表 3.1　描述灾难场景的语言知识结构化表

Numbers	Phrases	Sentences
• hundreds of thousands of； • hundreds of millions of； • tens of thousands； • within an hour； • 100 miles away； • in the 30 seconds； …	• shook down； • burned up； • did their best； • every direction； …	• There was no stopping... no way to organize... no water... • San Francisco is gone... are all gone • Never before in history has a city been... • Never in all of San Francisco's history were her people...

在小组协作环节中,学生依托可视化工具,明晰篇章主线,同时也在自主阅读、梳理和分享信息的过程中,感受到本文的时间明线实则也是本次灾难步步加剧的重要内容主线。通过图表的协助,学生能够更积极主动地回溯原文,找到线索,思维更具有逻辑性。

【课例片段 17】在执教高中英语选择性必修二 Unit 2 Reading and Thinking："*Welcome Xie Lei*！" *Business Student Building Bridges* 时,教师请学生绘制一张人物情绪和事件图,不限形式,以下是一位学生的作品(图 3.4)。

在该课例中,学生通过个性化的方式,较为自由地绘制情感变化曲线,将自主阅读后碎片化、零散的信息进行有效整理,提炼出了 Xie Lei 在英国经历中的关键事件——"Challenges"和"Solutions"两个方面。同时,学生还依据事件线索,归纳整理了 Xie Lei 在不同事件中的

图 3.4　Xie Lei 的情感曲线变化

情感变化。这一人物情感曲线变化图不仅揭示了隐性的思维过程，还促进了思维的可视化，使学生能够将零散信息整合成系统化的概念框架，最终使学生的语言知识、思维能力及认知策略都得到了提升。

（三）联结概念形成结构，整合知识建构意义

在英语阅读教学中，概念化和结构化是学生主动学习活动中师生经意义协商所得的最重要的学习成果，也是主动学习的最高层次（葛炳芳，2024:56）。学习的本质在于认知结构的建构，而意义建构则是这一过程中的关键环节。它强调学习者基于自身经验、知识和认知结构，通过主动思考、探索和互动，对新的信息、概念或知识进行理解、解释和整合（Bransford & Brown，1999:3）。在意义建构的过程中，学习者不仅接收新的信息，更重要的是将这些信息与已有的认知结构相联系，形成新的理解和认知，从而建构起个人对世界的独特解释和意义。

教师鼓励学生自主提问，并在自主解惑的过程中梳

理基本信息,生成语言的结构化梳理。

学习者在深入阅读中,逐渐丰富和深化对新知识的理解,同时个体的认知结构也在旧知识的不断整合和新信息的不断涌现中得到演变和更新。在协作建构中,学生对信息的个体理解在群体之间流动、共享,不断完善、更新或推翻已有的认知结构。基于细节进行概念化分类,进而在概念化的基础上进行结构化整理(葛炳芳,2024:56)。

知识结构化是增强知识系统性和逻辑性的关键。它有助于学生将新的知识与已有的知识框架相融合,从而更全面、深入地建构意义。在主题意义的统摄下,学生对概念信息进行逻辑关联,使得认知得到深化和拓展。这种知识结构化的过程不仅促进了学生对知识的理解和应用,还发展了他们的高阶思维能力和核心素养。因此,教师在教学过程中引导学生进行概念化分类和结构化整理,鼓励学生自主阅读和协作建构,从而帮助他们形成系统化、体系化的知识结构,提升认知能力和核心素养。

> 教师在教学过程中引导学生进行概念化分类和结构化整理,鼓励学生自主阅读和协作建构,从而帮助他们形成系统化、体系化的知识结构,提升认知能力和核心素养。

【课例片段 18】在执教高中英语必修三 Unit 2 Reading and Thinking:*Mother of Ten Thousand Babies* 的读后环节,教师引导学生在真实的情境中应用所学。任务如下:

Describe someone you admire who has made hard choices in life, using the three-paragraph structure below.

Para. 1：What kind of person is he/she? Why do you admire him/her?

Para. 2：What were the life choices? What obstacles did he/she overcome?（use contrast）

Para. 3：What was the result/value? What influence do the choices have on you?

其中一位学生的课堂生成如下：

I admire Lang Ping for her courage to make tough choices, her pursuit of excellence, and her remarkable sportsmanship. As a player, she was a dominant force, earning the nickname "Iron Hammer". As a coach, she has demonstrated an unparalleled ability to motivate players, turning teams into champions.

She made several significant life choices that I respect deeply. Rather than stay within her comfort zone, Lang Ping chose to return to China to coach the national team, leading them to victory at Rio 2016. Instead of settling into a comfortable retirement, she chose to further her education and coaching skills by studying abroad.

Lang Ping's choices have a profound impact on the sport of volleyball and she inspires many athletes and coaches to embrace challenges and strive for excellence. Her story teaches me that with determination and hard work, one can overcome obstacles and achieve greatness.

学生在该环节能够迁移本课所学习的结构逻辑 "Evaluation—Choices—Obstacles—Value—Principles"，并 开展意义为先的自主生成，分享了郎平作为运动员和教练员时克服挑战、追求卓越的奋斗经历,构建超越文本并与自我联结的意义,能够将所学知识转化为自己的理解和能力,实现内容创造和个体意义的增值。

(四)体悟文本关联自我,迁移所学深度加工

建构主义理论的教学隐喻认为,意义建构是一切课堂学习活动的终极目标。学生基于文本理解细节、提炼概念并形成知识结构以后,要通过课堂"出口任务"整合性地运用课堂所学语言主动表达思想,在新的情境中迁移所学知识。学生能够与自己的现实生活产生关联并整体迁移内容思维和语言来解决问题,观照现实生活,进行更加深度的意义加工,建立文本、个体与现实生活之间的关联。

在此过程中,学生能够"联系现实、联系生活、反省自我,迁移领悟,内化信念"(葛炳芳,印佳欢,2021:5),分享自己的领悟和个性化理解,观照个体意义增值成果。教师要以"协商者、组织者、激励者和共赏者"(葛炳芳,2023:8)的角色赋能学生进行意义建构,而学生始终是主动探索的认知主体。"理解、评价、价值化和领悟"则是学生在主动学习过程中的责任所在,学生通过个人价值判断与选择达成独特领悟与见解,得以建构自己的意义。

教师对学生的建构结果应给予充分的肯定与尊重,鼓励学生珍视并展现自己"意义增值"的过程,而非仅仅追求与教师预设的标准化意义相契合。教师应创造一个开放包容的学习环境,让学生敢于表达、乐于分享自己的个性化理

> 教师对学生的建构结果应给予充分的肯定与尊重,鼓励学生珍视并展现自己"意义增值"的过程,而非仅仅追求与教师预设的标准化意义相契合。

解，从而促进其评判性思维和创新能力的发展。

上述课堂教学策略能够促进学生主动意义建构的阅读教学过程，体现了以学生作为意义探究主体的课堂教学思路，促进学生对文本内容的意义加工和意义理解，逐步深入文本，实现知识的主动建构和深度学习。

【课例片段 19】在执教高中英语必修一 Unit 4 Workbook：*The Story of an Eyewitness* 时，在事实类信息处理完毕后，教师引导学生关注标题中的"eyewitness"进行提问：Since Jack London was the eyewitness, can you find him in the passage?

S1：In paragraph 3，"I watched the disaster from a ship on the bay."

T：Yes, thank you, we can find Jack London here, that's an invisible "I".

(Teacher provides more information about Jack London. Born：January 12, 1876. San Francisco, California)

T：Where is his hometown?

Ss：San Francisco, California.

T：For someone who was born there, had his family, friends, and memories there, how could it be possible that he only appeared once in the story? Now, Let's work with the person next to you, and find Jack London's hidden feelings behind the facts.

S2：Jack London is too sad and heart-broken, because he used so many huge numbers to describe the damage. And the wind is so hopeless.

S3：I think he was still hopeful and determined. Just like people in San Francisco, "They didn't fight, push or shove. " They were frightened, but they still showed kindness to each other.

S4: Jack London expressed his respect to people in San Francisco, because when the whole city was in ruins, they didn't give up, and they were still very calm and positive.

在深入文本自主阅读的过程中,学生已经完成基于文本的表面事实类信息的理解,第二遍解读文本时,品读藏在第一层信息背后的第二层人物情感内容。教师通过补充杰克·伦敦的人物背景信息为学生搭建了从表层阅读过渡至深层阅读的支架。学生在与同伴的讨论中,自由表达和外化自己的思考和解读,使对文本的不同解释与意义在教师、学习者、同伴不同的群里中流动起来,学生在不同的见解中反思自我和他人的意义建构成果,以讨论结果分享和反思作为意义建构成长的契机。

【课例片段 20】在执教高中英语必修三 Unit 2 Reading and Thinking: *Mother of Ten Thousand Babies* 时,在读中环节的最后,教师请学生结合文章首尾两端的引语思考并讨论:

T: In the first paragraph, Dr Lin Qiaozhi said, "Life is precious", but in the last paragraph, she said, "Don't try to rescue me anymore. Don't waste the medicine anymore. " Do you think the attitudes towards life are contradictory to each other? Discuss in groups of four.

S1: They are seemingly contradictory, but they together show us that Lin Qiaozhi was an amazing woman. She would rather save the medicine for other people, so she said "life is precious".

T：Whose life is precious?

S1：Children's life，and women's life.

S2：Other people's life. I think those two quotes both make sense. "Life is precious" shows her value of other people's lives. When she was about to die，she didn't want doctors to waste medicine on her. This shows she didn't cherish her life as she cherished other people's lives.

S3：I think she cherished everyone's life，including other people's and hers. But she always took others' life at the first place.

学生通过首尾两句引语的讨论交流，相互分享观点，共同构建意义，意义在师生、生生间流动。正是这个"锚点"问题使学生对文章的意义理解实现闭环。学生深刻体会到林巧稚对于他人生命珍视的态度以及林巧稚的医者仁心，无私高尚的道德情操，实现个体意义增值，同时也体现了对文本意义加工的层次，从梳理有关人生抉择的浅表信息到探究人物品质的深层意义，实现了对文本主题意义的渐进理解。

第四章

意义建构视角下课堂教学的改进行动

本章我们以人教版高中英语必修二 Unit 1 Reading and Thinking：*From Problems to Solutions* 为例，讨论意义建构视角下的课堂教学改进行动。我们基于"主动学习"这一理念，聚焦阅读教学过程中学生主动建构意义的过程和方法，通过"实践—反思—调整—再实践—完善—总结"，展现课题组初期开设的常态化研讨课，反思在处理文本信息、设计教学活动、引导学生主动建构过程中的不当之处，并在改进行动中探讨阅读课堂中意义建构的教学路径与方法策略，为提高英语阅读课堂有效性提供借鉴与启示。

一、所选课例背景

From Problems to Solutions 这一文本引导学生分析和探讨在修建阿斯旺大坝的过程中，文化遗产保护所面临的挑战与问题，以及解决过程和办法。促使学生在

理解的基础上，关注国际合作在问题解决过程中的关键作用，重视文化遗产保护与社会经济发展的平衡与协调关系。鼓励学生积极面对挑战，善于合作，不断努力，寻求解决问题的合理途径和方式。本文是一篇记述事件发展过程的叙事文本，作者按照时间顺序记述了问题的产生和解决过程：问题提出（第一段）—问题分析（第二段）—问题解决的过程（第三、四段）—问题解决的结果（第五段）—意义与启示（第六段）。

本章首先呈现课题组常态化磨课中的初期实践，改进版课例是 2023 年 11 月 16 日课题组于温州中学参与大课题组活动中所开设的研讨课。课例时长均为 80 分钟，由杭州第二中学钱江学校马瑾辰老师执教。

二、初次实践

（一）教学目标设定

通过本课的学习，学生能够：

1. 通过研读标题对文本主要内容进行自主预测，提升自主提问的能力。

2. 通过问题链梳理文章细节信息，增强信息获取和处理能力。

3. 通过总结阿斯旺大坝精神，发展思辨能力并增强文物保护意识。

4. 通过联系实际表达自己的观点，提升问题解决和迁移创新能力。

（二）教学环节呈现

Activity 1：Lead-in
该活动旨在实现目标 1。

1. Warm up by sharing a story of Ramses II and Temple of Abu Simbel.

Teacher shares with students some detailed information about Abu Simbel Temple and brief them on ancient Egyptian architecture.

2. Make predictions.

T：According to the title "From Problems to Solutions" and the story I just shared with you，what will this text discuss?

Students give different predictions as follows.

Q1：Why did Ramses II start the construction of the Temple of Abu Simbel?

Q2：What are the problems?

Q3：What are the solutions?

Q4：How was the Aswan Dam built?

在读前阶段，教师以拉美西斯二世（Ramses II）的传奇故事导入，激发学生的阅读兴趣，故事从介绍阿布辛贝神庙的建造到阿斯旺大坝的建设对其产生的影响，引导学生思考阿斯旺大坝和文物保护之间的关系，以便与文本主题进行关联。再要求学生根据标题对文本内容进行自主预测，培养学生自主提问的习惯和能力，并为后文的教学环节做好铺垫。

Activity 2：Learning and understanding
该活动旨在实现目标 2。

1. Extensive reading.

Students read through the whole passage quickly and check their predictions.

T：Can you find the answers to your predictions in the passage?

Ss：Q2（What are the problems?）and Q3（What are the solutions?）.

T：Yes，Q2 and Q3. Have you noticed that we missed something，like something behind it.

Ss：The spirit.

T：Yes，so this passage covers 3 parts，"problems"，"solutions" and "spirits".

在读中阶段，通过快速泛读任务，引导学生对文本信息进行自主获取、分析和概括，并验证读前提出的预测问题，帮助学生从宏观角度把握文章的整体结构和内容，为深入细读文章搭好框架。

2. Intensive reading.

Teacher uses a series of questions to guide students to look into the problems，solutions and spirits of Aswan Dam separately.

➢ **Read for Problems**

T：What's the problem in general?

S：Finding and keeping the right balance between progress and the protection of cultural sites can be a big challenge.

T：What's the big challenge the Egyptian government faced?

S：The Egyptian government wanted to build a new dam across the Nile in order to control floods，produce electricity，and supply water to more farmers in the area. But the proposal led to protests，because the water from the dam would likely damage a number of temples and destroy cultural relics that are an important part of Egypt's cultural heritage.

> **Read for solutions**

T：How did the government solve the problem? How does the author organize the process?

Ss：In time order.

T：Let's read the passage again，circle the time and try to sort out the process by making a timeline.

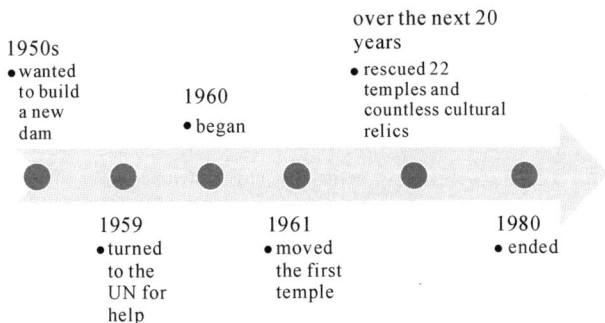

图 4.1　阿斯旺大坝项目时间轴

> **Read for Spirits**

T：Why was it considered a great success?

S：Not only had the countries found a path to the future that did not run over the relics of the past，but they had also learnt that it was possible for countries to work together to build a better tomorrow.

T：Who worked together？Can you find the participants in the process?

S1：The government listened to the scientists and finally turned to the UN for help.

S2：A committee was established，and the group asked contributions from different departments and raised funds within the international community.

S3：Experts investigated the issue，conducted several tests，and then made a proposal.

S4：The environmentalists. And German engineers and workers moved the temple.

S5：Fifty countries donated money.

T：The spirit of the Aswan Dam project is still alive today，and what can we learn from it?

S1：Learn to work together. Teamwork can improve work efficiency，everyone shines in their own areas of excellence，and at the same time，it can promote personal growth.

S2：We need to have awareness of protecting the heritage and culture. Cultural sites are the treasure of our culture，which is gradually neglected in modern development.

S3：In the face of difficulties and pressure，I think it's very important to keep doing one thing. Set a goal and keep working towards it，and your dream will come true.

在读中阶段，学生通过快速阅读对文本形成整体理解后，教师通过问题链引导学生分别对每一部分的细节信息进行梳理，即完成对"Problems""Solutions""Spirits"的梳理，形成概念化、结构化知识，旨在培养学生的信息获取和处理能力。通过快速阅读和精读相结合的方式，学生在互动过程中逐步完成对文本细节信息的梳理和理解。

Activity 3：Further thinking
该活动旨在实现目标 3。

Watch a video about "The Rescue of the Abu Simbel Temples" and discuss.

T: What do you think of the working process of the project? What specific aspects impressed you the most?

S1: I think it is challenging, and I was most impressed by how they managed to relocate such a massive temple piece by piece. There were many factors involved that need to be considered.

S2: The fact that they considered both cultural heritage and development is very inspiring. It's not just about moving a temple; it's about preserving history while also thinking about the future.

S3: I think it is hard, complicated, amazing, breathtaking...

T: A lot of money was spent protecting the temples. Is it worthwhile?

S1: I think it is worthwhile. Considering the historical and cultural significance of these temples, which are not only a symbol to ancient Egyptian civilization but also a major tourist attraction. The money spent on them can be seen as a worthwhile investment.

S2: I think it's worth it, because the temples are not only a part of Egypt's rich heritage but also a symbol of international cooperation in the field of cultural preservation.

S3: I agree with them, because it not only solves the problem of water resources but also solves the problem of cultural relics protection. Kill two birds with one stone.

在读后阶段,教师呈现相关视频,帮助学生在视觉上和情感上都更加深刻地体会文物保护的重要性和复杂性。接着,教师提出开放性问题"What do you think of the working process of the project? What specific aspects impressed you the most?"和"A lot of money was spent on protecting the temples. Is it worthwhile?",旨在引导学生从不同的角度审视文物保护工作。通过这样的讨论,深化学生对文本的理解,发展学生的思维能力,同时,提升学生对文化遗址保护的意识和责任感。

Activity 4：Transferring and application
该活动旨在实现目标 4。

T：What is your biggest challenge right now and how do you solve it?

S1：Now my biggest difficulty is learning mathematics. I think I need to listen to the teacher more carefully to make sure I have a clear understanding of the basic knowledge, and break down complex mathematical problems into small steps and solve them step by step. Math may need a lot of practice to improve, so by solving various types of problems, I can improve problem-solving skills. Finally, I think if I have trouble, I can ask my teacher or my classmate for help.

S2：As a student, one of the biggest challenges is how to balance my academic responsibilities with other aspects of life, such as social activities, work, and so on. I think maybe I can learn to set realistic goals, break down tasks into smaller ones，and use a planner or calendar to schedule my study time，work shifts, and social activities.

在读后迁移创新阶段，通过引导学生思考"What is my biggest challenge right now and how do I overcome it?"，教师将阿斯旺大坝的问题解决过程与学生的日常生活联系起来，拉近了文物保护与学生的距离。教师鼓励学生将所学知识与个人经验相结合，加深对文物保护的理解，同时也促进了他们解决实际问题的能力，从而激发创造力，最终帮助学生完成个性化的意义建构。

三、课例反思

课题组围绕授课内容，通过教学设计、磨课研讨、实践反思等过程，结合课题组初期粗浅的认知，初步进行了第一次教学实践。然而，通过这次实践，我们很明显发现仍有许多需要改进的地方。具体来说，本课有以下三点值得我们深入反思和探讨。

（一）意义建构过程需凸显环境的社会性

依据社会建构主义理论，教师应创设真实且有利于学生意义建构的课堂情境，而且这种情境应朝着有利于学生意义生成的方向发展。在本课例中，执教教师在课堂伊始通过展示课文标题以及拉美西斯二世的传奇故事，引导学生基于这些信息进行自主提问和预测，使学生在与文本的初步互动中开始意义建构。尽管教师通过情境创设和相关故事引入激发了学生的参与度，但这一情境与学生的生活经验仍存在一定距离。导入阶段的情境创设应有利于激活学生已有的图式（生活经验、语言知识、文化知识和话题知识等），从而更有效地激发学生的兴趣和思考。

此外，学习环境的社会性还体现在学习共同体中知识建构的对话与合作。在本课例中，课堂互动大多局限于师生之间，生生互动欠缺，这在一定程度上限制了学生的思维扩展与交流空间，也未能充分促进知识和意义在个体间的"流动"，容易导致意义建构"浅层化""表面化"。为了进一步优化学习环境中的社会性互动，促进学生之间的知识建构与意义生成，建议教师在课堂中更多地引入小组合作学习模式。具体而言，教师可以设计开放性问题或任务，鼓励学生以小组为单位进行讨论、问答和合作探究，而不是仅仅依赖师生之间的单向问答。这种方式能够激发学生的主动性和创造性，增强他们的评判性思维和问题解决能力。

在小组讨论中，学生可以通过分享不同的观点、提出质疑和反思，逐步深化对知识的理解。教师可以在小组讨论中扮演引导者和支持者的角色，适时提供反馈和指导，但应避免过度干预，要给予学生充分的自主空间。此外，教师还可以通过设置小组展示、互评等环节，促进学生之间的交流与合作，进一步推动知识的"流动"与意义的深层建构。

（二）意义建构过程需突出学生的主体性

在阅读教学过程中，教师应充分放手，将课堂的主导权交还给学生，为学生提供足够的自主空间，鼓励其主动参与和思考。自主提问不仅是学生主动参与学习、探索知识的重要途径，也是意义建构的起点。在本课例中，虽然执教老师在读前鼓励学生自主提问，并开展了第一轮自主解疑,但随后的教学活动迅速回归以教师为主导的一问一答模式。自主提问未能贯穿课堂始终,致使自主提问仅在课程开始之时,后续没有继续跟进,未能有效促进学生的深度参与和意义建构。此外,学生提出的某些问题也未得到充分关注。例如,学生提出的第四个问题"How was the Aswan Dam built?"未能得到教师的重视,教师没有进行解答。当学生的自主提问未能获得回应时,他们的提问热情和动力可能会被削弱,进而影响其学习积极性和思维的深度。

又如,在阅读教学过程中,教师提供了一系列如关于"Problems"、"Solutions"和"Spirits"的问题,以引导学生理解文本内容。虽然这些问题有助于学生进行细节信息的梳理和深度分析,但这些概念并非由学生"悟"得。问题设计过于僵化且具有较强的限制性,学生可能会被束缚在教师预设的框架内,失去自由探索的空间,从而不利于学生个性化思维的培养和发展。因此,教师不能提供过多的信息和支架,而应通过持续保持学生的参与度,引导学生主动去探究、思考、修正自己的答案,确保他们在整个学习的过程中始终保持主体地位。

(三)意义建构过程需强调学习的渐进性

阅读课堂中,学习者对文本内容和意义的理解是一个渐进且逐步丰富的过程,因此教学任务的设计应与学生认知能力的提升相匹配,并体现出意义建构的逐步深化。在本课例中,教师通过讲述拉美西斯二世的故事作为导入,试图迅速吸引学生注意力,激发他们的阅读兴趣,然而,教师未充分考虑到学生对埃及历史的了解较为有限,未能与学生已有的知识经验建立有效联系,因此这种设计与学生的认知水平存在一定偏差,导致学生在自主提问环节表现出较为分散的思维，未能有效聚焦于文本的核心问题。

此外，教师在设计读后迁移与创新活动时，提出了问题"What is your biggest challenge right now and how do you solve it?"。这一问题尽管看似贴近学生的生活实际，但偏离了本文主题。从前文的课堂教学来看，教师并未系统地引导学生提炼出面对中外文化遗产的历史与现状、所面临的"挑战"的解决方法，未能将相关的知识结构化。学生也未能结合自己的所学知识和兴趣特点，积极思考如何力所能及地参与文化遗产保护，并就此表达思想。

> 教师应始终关注学生认知的渐进性，依据活动主题，设计出符合学生认知水平并逐步提升其学习能力的教学任务。

因此，在阅读教学中，教师应始终关注学生认知的渐进性，依据活动主题，设计出符合学生认知水平并逐步提升其学习能力的教学任务，从而有效支持学生在学习过程中不断深化理解，促进其知识和思维能力的发展，实现意义的"增值"。

四、实践改进

（一）教学目标重设

经过本课时的学习，学生能够：

1. 通过对标题及课文插图所提供的信息，对文本整体内容进行大致的预测，养成主动学习的意识与自主探究的能力。

2. 通过理解、梳理、整合文本中关于阿斯旺大坝建造的过程及相关参与者的信息，探讨文物保护等国际问题的普遍适用的解决方案，以及所需的社会各界力量，以提高文物保护意识和问题解决能力。

3. 通过深度解析文本，结构化文本内容、语言特点与思维逻辑，概括阿斯旺大坝项目所体现的精神实质，分析国际社会广泛参与埃及文物保护的内在动因，深入探讨文物保护与文化传承对国家和全球层面的深刻意义。

4. 通过对文本整体的分析与探究，以及课后资料的收集，思考阿斯旺大坝项目是否带来了新的问题，并结合所提炼的问题解决方法，提出进一步的解决计划，体会各个国家在发现问题与解决问题的过程中推动了历史的进程，理解文化意识的根本内涵。

(二)教学改进与说明

Activity 1：Lead-in
该活动旨在实现目标1。

1. Warm up.

Warm up by greeting and talking about challenges in their daily life.

T：Good morning, ladies and gentlemen. It is delightful to spend time with you here today. Before we start our class, let's talk briefly about your daily life. What is your biggest problem recently?

S1：Math homework. I usually spend more than half of my time working on it, so I don't have enough time to finish other homework.

T：Ah! Tell me about it! Math was my biggest nightmare when I was your age. Then, do you have a solution yet?

S1：I will work on it myself and ask my teacher and deskmate for help.

T：That's a reasonable solution and I believe they have been a great help.

S1：Yes!

2. Make predictions.

T：In today's lesson，we will continue to talk about problems and solutions. First，let's look at the title. What will be discussed according to the title *From Problems to Solutions*?

S2：What are the problems? And what are the solutions?

Teacher writes down the questions students raise in the table on the blackboard.

表 4.1　学生首轮自主提问

From Problems	To Solutions
Q1：*What are the problems*?（*general*）	Q2：*What are the solutions*?（*general*）

Teacher shows students two illustrations from the textbook.

T：Based on these two pictures and the title，can you think of some more detailed topics that might be discussed in the text?

When students come up with different predictions，the teacher helps rearrange them as follows：

表 4.2　学生二轮自主提问

From Problems—to Solutions	
Q1：*What are the problems?* (*general*)	Q2：*What are the solutions?* (*general*)
Q3：*What was the problem in the text?* (*specific*)	Q4：*How to protect Egyptian relics?* (*specific process*)
Q5：*How did the problem influence people's lives?* (*influence*)	Q6：*Who protected the relics?* (*participants*)

　　教师依托文本主线，巧妙整合零散知识，构建系统性教学框架。课堂热身时，教师深入挖掘标题信息，激发学生探索文本内容的兴趣。通过首轮自主提问，学生初步聚焦文本。随后，教师引入插图，指导学生结合标题进行二轮提问，充分利用多模态信息形成对文本主题的明确预测。此策略旨在从宏观角度助力学生整体把握文本，沿主线深入探究，发挥主动性，积极建构意义。整个过程聚焦于文本主线，通过自主提问激活学生探究动机，促进深度学习与理解。

　　Activity 2：Self-directed reading to probe into the passage

　　该活动旨在实现目标 2。

　　1．Uninterrupted reading.

　　Students are given 10 minutes to read the passage thoroughly without being interrupted and locate the answers to their predicted questions at the same time.

　　2．Probe into the balance between the progress and the protection of cultural relics.

(1) Q1：What are the problems (general)?

Students read the first paragraph and underline the phrases and expressions related to A Big Challenge.

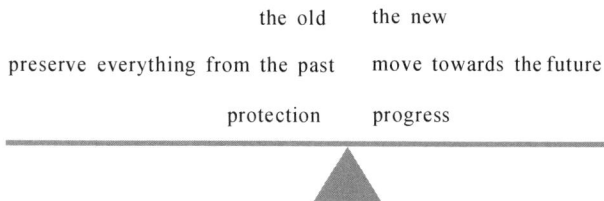

图 4.2 文本第一段呈现的矛盾

(2) Direct answers to Q3—Q4.

Students read aloud their answers and teacher underlines their answers directly on the screen.

T：What was the problem in the text? (specific)

S3：The Egyptian government wanted to build a new dam across the Nile in order to control floods, produce electricity, and supply water to more farmers in the area. But the proposal led to protests. Water from the dam would likely damage a number of temples and destroy cultural relics.

Q4：How to protect Egyptian relics? (specific process)

Students pick out the times and events of the process, and teacher shows them on the screen.

表 4.3　阿斯旺大坝项目时间轴

Time	Process
1950s	The Egyptian government **wanted to** build a new dam across the Nile.
	The government **listened to** the scientists who had studied the problem, and citizens who lived near the dam.
1959	The government **turned to** the United Nations **for help**.
	A committee **was established**. The group **asked for contributions** from different departments and **raised funds** within the international community. Experts **investigated the issue**, **conducted several tests**, and then **made a proposal**.
1960	The work **began**.
1961	German engineers **moved** the first temple. Temples and other cultural sites **were taken down piece by piece**, and then **moved and put back together** again.
Over the next 20 years	Thousands of engineers and workers **rescued** 22 temples and countless cultural relics. Fifty countries **donated** nearly ＄80 million to the project.
1980	The project **finished**.

【改进说明】在无干扰阅读时段内，学生能够依据先前的预测，在文本中精确定位、有效理解并处理相关信息，从而初步阐释文本内容，成为阅读思考过程的积极主体。随后，进入探究文化遗迹发展与保护平衡的第二阶段，教师利用学生提出的问题作为导向，深化其对文本的

理解。针对 Q1,教师指导学生辨识与重大挑战相关的短语与表述,使其自主发掘信息,明确文本所述的重大挑战在于在文化遗迹发展与保护间寻求并维持适当平衡。对于 Q3 与 Q4,教师则让学生在展示的课件上即时标注答案。通过师生互动,学生在具体问题情境中深入研读文本,理解埃及政府在修建大坝时遭遇的发展需求与保护文化遗迹间的冲突,及其后续采取的遗迹保护措施。教师依据学生反馈,灵活调整预设内容与课堂生成间的平衡,合理调整问题次序并整合相似议题。这一系列举措帮助学生整合自主阅读后的信息碎片,深化细节理解,促使学生在阅读过程中主动思考与探究,逐步构建对文本深层含义的全面把握。

（3）Direct answers to Q6 and Q2.

Q6：Who protected the relics?

Teacher asks students to conclude the participants in the project in the text，and they should pay special attention to the subjects of each sentence（图 4.3 所示）。

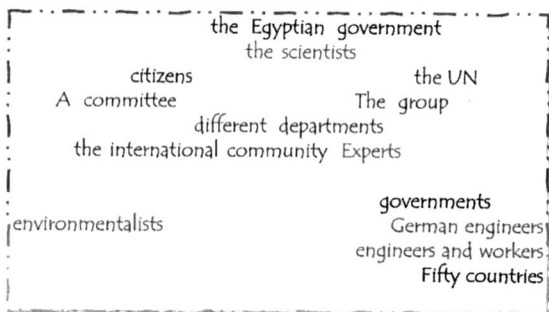

图 4.3　文本第二至四段相关句子的主语

Q2：Can we figure out a general solution?

T：Now I'm going to put all the verbs that we have found back to these paragraphs. Can we figure out a general solution to this similar kind of problem?

S4：When we face a big problem，we get together and help each other.

T：Robin said at the very beginning of this class，when he had those difficult math problems he would make a schedule，which means a to-do list，and solve the problem step by step. So can you tell me if you are facing these big problems，what are your steps?

S5：The first one I think we need to find a problem，to define a problem. After defining the problem，we should do some research and analyze the problem.

T：Yes，to investigate the problem. We need to do some research and conduct some tests.

S6：Then we'll come up with a solution and we can make it with the help of others. We may just have one solid solution but also probably several. Then we need to make a comparison of each solution and choose the best one. After that，we can make a proposal.

T：That's great! Then we can divide the problem into small ones and solve it step by step.

Teacher writes the general solution on the blackboard：*define the problem* → *investigate* → *analyze* → *conduct tests* → *come up with solutions* → *compare and select the best solution* → *propose* → *divide the solution into steps* → *solve*.

【改进说明】活动二的后一阶段涉及课堂协商，充分展现了阅读课堂中意义建构的社会性特征，其核心目的在于引导学生深入挖掘文本信息，提升思维层次。针对问题6，教师要求学生根据文本内容总结参与项目的人员，特别关注每个句子的主语（如图4.3所示），此环节有助于学生整理文本信息，为后续深入思考打下坚实基础。问题2是整个活动的关键环节，教师将之前识别出的动词放回相应段落，引导学生思考一个普适性的解决方案，以此激发学生的深度理解和综合应用能力，搭建思维支架，促进学生积极参与讨论。学生们分享了多样化的观点，如团结协作、在解决难题时制定计划并逐步攻克等。最终，教师总结并在黑板上呈现出完整的普适性解决方案流程，即"定义问题→调查分析→测试验证→提出方案→比较选择→提出建议→分解步骤→实施解决"。

整个活动精心设计，旨在引导学生依据文本内容，借助思维支架提炼出更高层次的信息，从具体的文物保护问题情境中归纳出可迁移应用的通用解决办法。该活动旨在培养学生的高阶思维能力，使他们能够基于

> 学生基于具体信息提炼上位概念，进行更深层次的意义加工，从而在面对复杂问题时能灵活运用所学知识和思维方法寻求解决方案。

具体信息提炼上位概念，进行更深层次的意义加工，从而在面对复杂问题时能灵活运用所学知识和思维方法寻求解决方案。

Activity 3：Further thinking

该活动旨在实现目标3。

1. Analyze the spirit of the Aswan Dam Project.

Teacher shares with students some detailed information about Abu Simbel Temple and brief them on ancient Egyptian architectural wisdom.

T：After we address the issues and acknowledge the efforts made to resolve them，including the entire process，and reflect on how everything began 3,000 years ago with the construction of this temple，can you tell me what the spirit of the Aswan Dam Project is today?

Teacher lists all the useful information on the slide and asks students to consider the story of Abu Simbel Temple，and discuss in a group of four：What is the spirit exactly behind everything?

学生对于修建阿斯旺水坝精神的课堂生成语言如下图所示：

Time	Process (who/what)		Spirit
1950s	The Egyptian government	wanted to build; listened to;	down-to-earth
	The scientists; Citizens	studied; lived	multifamily open-minded
	The Egyptian government	turned to… for help	make full use cooperation
1959	The UN	established (a committee)	
	The group	asked for contributions; raised funds	high-efficiency
	Experts	investigated the issue; conducted tests; made a proposal	
1960	The document was signed	The work began.	logical thinking
1961	German engineers	(Temples and other cultural sites) were taken apart; moved; put back together; moved (the first temple)	creative brave courage
Over the next 20 years	Thousands of engineers and workers	rescued 22 temples countless cultural relics	respect determined
	Fifty countries	donated nearly $80 million	

图 4.4　修建阿斯旺水坝精神的课堂生成

【改进说明】教师首先为学生分享阿布辛贝神庙的详细信息,同时深入介绍古埃及建筑智慧,使学生浸润于相关的文化及历史背景,为后续学习奠定良好基础。在学生了解了阿斯旺大坝项目所面临的问题、解决问题的艰难过程,以及回溯到三千年前神庙建造的相关信息后,教师通过提出问题激发学生思考"阿斯旺大坝项目的精神是什么",并将有用的信息罗列在表格中,引导学生结合阿布辛贝神庙的故事,以四人小组的形式展开讨论。这一过程旨在引导学生对文本信息进行深度加工,能够再次回应课前预测提问所涉及的关键信息。通过同伴相互协商,学生尝试探究阿斯旺大坝精神内涵,真正实现学生与文本的深度对话。学生充分发挥其主观能动性,在自我协商、自主思辨、自我表达的过程中,生成属于自己的理解,体现学生在知识建构中的主体性。

> 学生充分发挥其主观能动性,在自我协商、自主思辨、自我表达的过程中,生成属于自己的理解。

2. Probe into the numbers that appear in the text.

T：This is an interesting balance，with some numbers appearing in the fourth paragraph on the one side．Can you put one word or number on the other side of the balance?

S1：One. Because the dam was built by many countries，and by international society，it stands for a possibility that we could work together as one. Even in the future，with every problem we face，we could figure it out as one strong unity.

S2：I will choose the number countless，because not only did the project rescue countless cultural relics but also it connected countless people from the past to the future.

【改进说明】本环节旨在鼓励学生依据文本第四段罗列的诸多数字,进一步对文本进行意义加工。学生已

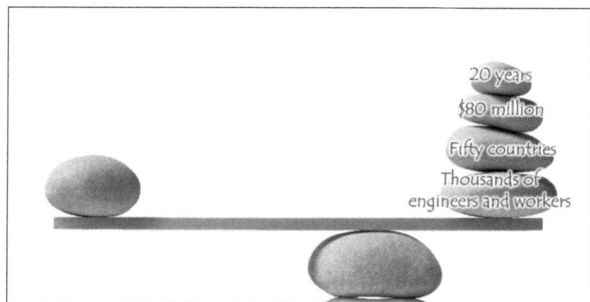

图 4.5 数字背后的意义

经深入挖掘了阿斯旺大坝项目背后暗含的深刻意义和精神内涵,因此本环节需要学生通过量化数据,分析提炼阿斯旺大坝项目之于世界文明的重要性。该活动是开放命题,学生可以借由对文本的深入剖析,自由建构数字在文段中体现的意义,也可以通过互动协商或协作建构,从而丰富、修正或更清晰地表达自己的理解。相较于前序活动,学生对数字的直观认知在于工程耗时之多、参与人员之广、开销之大。该活动引导学生辩证地看待数字背后的真正意义,即时间、人力、经费的投入换来的是无价的文化财富,更为深入地建构主题意义。教师继而追问学生为何各国力量都积极参与项目建设,引导学生将文化遗产与世界文明相关联。

Activity 4:Transferring and application
该活动旨在实现课时目标 4。

Discuss the "imbalance of cultural heritage and traffic issue" Xi'an is facing and work out a process of solving the problems based on the text.

T:During my Xi'an visit,I faced terrible traffic,especially near the ancient city walls.

Q1：Should we demolish these walls?

Q2：If not，why and how can we solve the traffic issue?

S1：No，we shouldn't. The walls are valuable cultural heritage. We can use advanced technology to control traffic lights or find other solutions，but not demolishing them. We need to balance transportation development with cultural relic protection.

T：You have given a thoughtful reason. Now，let's consider solutions. Look at the notes on the blackboard and think about potential participants.

S2：We should involve the Xi'an government，experts，and citizens affected by the traffic. They could form a committee，study the problem，and organize traffic control staff to build new roads，implement peak restrictions，etc.

T：She thinks logically like a future leader. Great answer!

S3：They could collect solutions from society，organize scientists to discuss and test them，and solve the problem step by step.

T：You are right. The decision is crucial，and finding the balance will take years. Solving the problem step by step is essential.

【改进说明】在活动 4 中，教师精心设置了特定的"锚点"，即西安市面临的"文化遗产与交通问题的不平衡"这一真实情境，旨在引导学生运用已有知识尝试解决问题，并通过自主探究建构意义。学生需超越文本，与作

者对话,挖掘文化内涵和写作意图,深入思考文物保护与
经济发展在西安交通与文化遗产问题中的矛盾。不同学
生基于各异的认知起点和方式,通过阅读分享个性化理

解,教师则通过互动
协商、提供支架,鼓励
学生完整表达并给予
回应。这一系列活动
凸显了学生作为意义

> 不同学生基于各异的认知起点和
> 方式,通过阅读分享个性化理解,教师
> 则通过互动协商、提供支架,鼓励学生
> 完整表达并给予回应。

探究主体的地位,教师营造了开放包容的学习环境,促进
了学生的意义加工和理解,实现了知识的主动建构和深
度学习。

Assignment:

1. Is the Aswan Dam project a total success? Do
some research, collect relevant information and discuss
the advantages and disadvantages of the Project.

2. In response to the problems the Aswan Dam has
caused, form a group of MUN(Model United Nations),
conduct investigations, and develop your solutions.

【改进说明】意
义建构是一个持续的
过程,课堂结束并非
其终点。课后小组作

> 意义建构是一个持续的过程,课
> 堂结束并非其终点。

业引导学生探究阿斯旺大坝建设对阿布辛贝神庙保护的
影响及引发的农业与虫害问题,鼓励学生通过模拟联合
国活动,结合文本与资料,提出解决方案。本课围绕
"From Problems to Solutions"展开,旨在使学生理解问
题与解决方案的相互转化,以及此过程中可能产生的新
问题,强调人类历史在发现问题与解决问题中不断前进。
学生通过将文本知识应用于实际,关联文本与自我世界,

认识到面对问题应积极思考与行动，寻求有效解决方案。

五、结论与共识

（一）创设情境引导提问，协作互动建构意义

教师要根据阅读目的、文本特征、学生已有知识经验、课堂条件、合理的设计、有效的活动，帮助学生培养阅读兴趣，树立阅读信心，如，基于标题、词汇或插图等多模态信息，引导学生进行自主提问和预测。高效的情境创设不仅能够让学生从语言、内容、心理上对阅读做好准备，还能使学生带着期待和兴趣，在与文本的初步互动中开启意义建构的学习过程。

> 高效的情境创设不仅能够让学生从语言、内容、心理上对阅读做好准备，还能使学生带着期待和兴趣，在与文本的初步互动中开启意义建构的学习过程。

在此基础上，教师可充分利用社会文化背景，鼓励学生与文本进一步互动，帮助学生理解所阅读的内容，推动意义建构的进程。在这一过程中，教师应重视学习共同体在知识建构中的重要作用。通过组织小组讨论活动，围绕如阿斯旺大坝精神、西安古城墙与交通问题等具有探讨价值的主题，鼓励学生分享观点和见解，促进知识和意义在个体间的"流动"。在协作学习的过程中，学生不仅能够共同建构知识、实现意义共享，还能在合作探究的过程中深化对文本内容的理解。

（二）多维对话探究主题，构建结构领悟意义

学生始终是主动探索的认知主体，"理解、评价、价值化和领悟"是他们在主动学习过程中的责任（葛炳芳，2023:8）。为实现这一目标，教师应适度放手，创设开放

的课堂氛围,鼓励学生主动阅读、主动思考、主动提问、主动释疑。学生在协作互动中贡献智慧,分享观点,共同探究文本主题。学生通过多维对话建构属于自己的理解,通过自主表达和多维互动不断深化对文本意义的建构。

在意义建构的过程中,教师应紧扣文本主线设计相关活动,不仅关注学生对语言和细节信息的理解,还要鼓励他们在细节信息提取的基础上对文本进行深层次的探究。同时,教师应设计一系列任务,帮助学生梳理文本中的细节信息,将碎片化知识整合为概念化知识,再构建结构化知识体系。为此,教师可以借助可视化工具,如表格、思维导图等,将文本中的关键信息进行可视化呈现,为学生提供思考的框架和线索,引导他们进行深度思考,自主梳理关键信息,并提出有见地的观点,从而实现对文本的深入挖掘和对整体内容的理解和掌握。

> 教师可以借助可视化工具,如表格、思维导图等,将文本中的关键信息进行可视化呈现,为学生提供思考的框架和线索,引导他们进行深度思考,自主梳理关键信息,并提出有见地的观点,从而实现对文本的深入挖掘和对整体内容的理解和掌握。

(三)渐进任务助推成长,表达思想实现增值

教学任务的设计应当契合学生思维能力、语言技能、学习能力以及文化意识的发展轨迹,遵循渐进性原则。在课例实践中,我们首先借助标题与插图,引导学生自主提问与预测,激活思维,奠定信息定位基础,同时初步培养学生的观察力与想象力。随后,学生深入文本,探讨文化遗迹保护的平衡策略,提炼阿斯旺大坝精神,强化学生的综合分析与评判性思维。在此过程中,语言技能在表达与讨论中得到锻炼,文化意识在理解中逐步提升。在与文本的

深度对话中,学生认知框架得以丰富,对文本意义的理解层层递进,实现意义的"增值"。因此,在读后环节中,教师应充分发挥自己的想象力和创造力,精心策划"出口任务",确保学生将所读内容与自身实际相联系,或应用所读内容解决问题,同时任务贴合学生的语言水平,融

> 教师应充分发挥自己的想象力和创造力,精心策划"出口任务",确保学生将所读内容与自身实际相联系,或应用所读内容解决问题,同时任务贴合学生的语言水平,融入对思维能力、学习技能及文化认知的考查,鼓励学生提炼并表达"超越文本"的见解。

入对思维能力、学习技能及文化认知的考查,鼓励学生提炼并表达"超越文本"的见解。学生通过口头或书面的形式完成这些兼具挑战性与可行性的任务,将新知与既有知识体系、个人情感体验及广泛的社会文化背景相融合,以此激发创新思维与思辨能力,在解决问题的过程中进一步内化所读内容和语言知识,提高自己解决问题的能力。

第五章

研究与思考

一、研究总结

本研究课题聚焦主动学习的核心要素——意义加工,探索基于主动学习的意义建构策略,以促进学生英语阅读能力的全面发展。

通过观察与分析,我们发现当前英语阅读教学中存在若干显著问题,这些问题直接影响了学生阅读能力的有效提升及意义建构的深度与广度。具体而言,学生在意义建构过程中的主体地位被不同程度地削弱,教师的过度主导使得学生的阅读活动趋于模式化,缺乏足够的思考与探索空间。师生、生生之间的互动不足,进一步限制了意义建构的深度与多样性。意义建构过程呈现出明显的碎片化特征,信息的逻辑组织与主题引领不足,导致学生难以形成完整的知识结构。阅读教学中建构成果的僵化现象普遍,新旧知识之间缺乏有效关联,情境迁移能力不足,制约了学生创新能力的培养。

我们从建构主义理论视角重新审视英语阅读教学中的意义建构过程。建构主义强调学习者在知识建构中的主体地位,认为知识是学习者在与环境互动中主动建构的结果。在此基础上,我们分析了阅读课堂上与文本的动态交互过程,包括可理解输入、意义协商和知识建构等关键环节,发现"意义建构"的三大特质:第一,"社会性",即阅读课堂作为一个社会性环境,通过情境、意义变化、活动性学习和学习共同体等要素,共同促进意义的建构。第二,"主体性",强调了学生作为意义建构的主体,应尊重其认知主体地位。第三,"渐进性",表明意义建构是一个动态发展的过程,学生对文本意义的理解逐渐丰富并不断修正。

为深化对意义建构的理解,我们关注并研究了相关理论,包括 Nunan 的五层次学习者行动模型、Littlewood 的三阶段模型、Macaro 的三阶段模型(Benson,2007:23-24)等。这些理论从不同角度揭示了学习者在主动学习过程中如何通过积极行动、策略选择、意识提升和态度转变等方式来建构和深化知识的意义。特别是 Nunan 的模型中"超越"阶段的概念,与意义建构的核心目标高度契合,强调了学习者将课堂内容与外部世界相联系的重要性。Littlewood 和 Macaro 的模型则分别从语言习得、学习方法、个人发展以及语言能力和学习能力的自主性等方面,为意义建构提供了更为全面的视角。

> 自主梳理内容是意义加工的基础,形成概念结构是意义加工的核心,夯实思想表达是提炼概念结构的有效延伸。

在主动学习视阈下,我们构建了阅读课堂中的意义建构路径:自主梳理内容是意义加工的基础,形成概念结构是意义加工的核心,夯实思想表达是提炼概念结构的有效延伸。该路径强调了意义建构的非线性特征,即从可理解输入开始,通过意义协商到意义关联,最终实现学生自主能力的提升(葛炳芳,2024:54)。基于此路径,我们提出了针对性策略,旨在促进学生主动学习与意义建构的深度融合。首先,鼓励学生自主提问理解细节,通过互动加工关注文本主线,以激发学生的阅读兴趣与思考深度。其次,借助支架策略梳理信息,提炼概念,促进学生认知水平的提升。再次,通过联结概念形成知识结构,整合知识建构意义,让学生在主动建构中获得积极的学习体验。最后,引导学生体悟文本关联自我,迁移所学进行深度加工,以实现个人发展与创新能力的提升。

为验证上述策略的有效性,我们在实际教学中进行了应用与探索。第四章详细呈现了同一阅读教学课例的两次实践过程,系统展示了教学策略在具体情境中的应用路径与实际效果。通过首次授课后的即时反思与针对性改进,再通过二次授课验证优化方案并开展深度反思,最终形成"实践——反思——再实践——共识"的闭环,为阅读教学策略的有效落地提供了可迁移的实践经验和理论启示。

二、研究收获

在深入探索促进学生主动学习的意义建构视角课题中,我们经历了从迷茫到清晰,从困惑到领悟的过程。这一历程充满了挑战与反思,同时也带来了深刻的洞见与成长。

（一）理论深化与体系构建

我们广泛涉猎了相关领域的前沿文献，如饥似渴地汲取着知识的甘露。这些文献不仅为我们提供了坚实的理论基础，也激发了我们对于意义建构视角下学生主动学习的深入思考。在细致研读这些文献的过程中，我们逐渐明晰了研究的方向与重点。本研究在深入探讨意义建构和主动学习理论的基础上，尝试构建一个基于意义建构视角的主动学习模型。通过这一模型的构建，我们更加清晰地认识到意义建构在阅读教学中的核心地位，以及主动学习在提升学生阅读能力和自主学习能力方面的重要性。

（二）团队协作与思想碰撞

在我们课题组内部，已经构建起一种亲密无间的合作模式，这种模式不仅依赖于团队成员间的默契与信任，更深深植根于一种强烈的契约精神。每月的线上文献共读、每次公开课前的全员磨课，以及每次参加课题研讨会时，大家积极承担上课、说课、评课、文献交流、课题设想等各项任务。通过共享智慧，我们对课题的研究不断深化，而团队成员间坦诚无私的交流与分享，成为我们在困惑时的指南针。每一位成员都能在平等和互相支持的环境中发挥最大潜力，共同克服研究道路上的各种挑战。

（三）专业发展与能力提升

课题研究不仅促进了教师之间的交流与合作，营造了良好的教学研究氛围，还在实践中取得了显著成果，例如我们开发了一系列基于课题的典型课例、教学设计和课件，为教师们提供了丰富的教学范例和资源工具。此外,我们还撰写了多篇论文和研究报告,为改进英语阅读教学提供了坚实的理论支撑和实践指导。通过参与课题研究,教师们深刻理解了课堂变革的意义,坚信理论与实践相结合才能焕发真正的生命力。因此我们将更积极地投身于课堂实践,设计具有挑战性的学习任务,激励学生主动探索、积极思考,确保学习的真正发生。

三、后续研究启示

在意义建构视角下深化对学生主动阅读促进策略的后续研究,可以进一步细化和拓展,持续探索与革新阅读教学方法。具体有以下三点考虑。

(一)细化课堂观察视角

提炼出能够准确捕捉课堂中意义建构真实发生的观察视角,以确保主动学习的实施过程有迹可循、有据可依。这不限于学生参与度、思维深度和情感投入等方面的观察,而且基于这些观察视角,还要建立一套科学的评估体系,及时给予学生和教师反馈,从而促进教学方法的持续优化。

(二)优化主动学习路径

虽然本研究在理论上构建了基于意义建构视角的主动学习路径,但在实践中如何更好地将理论转化为具体的教学行为仍需进一步探索。未来研究将致力于在此基础上进行迭代优化,结合最新的教育理论和实证研究,不断调整和完善路径模式。同时,在关注学生个体差异方面仍有待加强。不同学生的学习风格、兴趣点和认知水平存在差异,因此在教学过程中应更加注重因材施教,为每个学生提供个性化的学习支持和指导。

（三）创新结构化知识应用

在课题后续研究中，我们将深入探讨如何通过精心设计的结构化知识框架，有效提升学生的自主阅读能力，并促进他们对知识的系统性掌握与灵活运用。结构化的学习方式不仅有助于记忆，更能帮助学生建立知识之间的联系，形成全面而深刻的理解。同时，为了培养学生的高阶思维技能，我们将在教学过程中融入评判性思考和创造性问题解决的能力训练，鼓励学生提出质疑、分析问题并寻找创新的解决方案，激发学生的探索欲和好奇心，促使他们在面对未知和复杂问题时能够独立思考，勇于尝试新的方法。

参考文献

[1]Anthony H M, Pearson P D, Raphael T E. 1989. Reading Comprehension: A Selected Review (Technical Report No. 448) [R]. Champaign, IL: University of Illinois at Urbana-Champaign, The Center for the Study of Reading.

[2] Benson P. 2007. Autonomy in language teaching and learning [J]. Language Teaching. 40: 21-40.

[3]Bonwell C C., Eison J A. 1991. Active Learning: Creating Excitement in the Classroom: ASHE － ERIC Higher Education Report No. 1 [R]. Washington DC: School of Education and Human Development, George Washington University.

[4] Bransford J D, Brown A L. 1999. How People Learn: Brain, Mind, Experience, and School [M]. Washington, DC: National Academy Press.

[5]Holec H. 1981. Autonomy and Foreign Language Learning[M]. Oxford: Pergamon.

[6]Kumaravadivelu B. 2006. Understanding Language Teaching: From Method to Postmethod [M]. New York: Routledge.

[7]Langer J A,Bartolome L,Vasquez O, Lucas T. 1990. Meaning construction in school literacy tasks: A study of bilingual students [J]. American Educational Research Journal. 27/3: 427-471.

［8］Lombardi D，Shipley T F，Astronomy Team，Biology Team，Chemistry Team，Engineering Team，Geography Team，Geoscience Team，Physics Team. 2021. The curious construct of active learning［J］. Psychological Science in the Public Interest. 22/1：8-43.

［9］Radden G，Köpcke K M，Berg T，Siemund P. 2007. Aspects of Meaning Construction［M］. Amsterdam：John Benjamin Publishing Company.

［10］常保晶. 2004. 建构主义知识观及其对教学的启发［J］. 教育理论研究，（12）：2-4.

［11］陈静波,李金梅. 2006. 概念图在高中英语阅读教学中的应用［J］. 中小学外语教学（中学篇），9：18-22.

［12］范琳,张其云. 2003. 建构主义教学理论与英语教学改革的契合［J］. 外语与外语教学，4：28-32.

［13］葛炳芳. 2019. 英语阅读课堂教学:阅读素养与综合视野［M］. 北京:外语教学与研究出版社.

［14］葛炳芳. 2023. 回归课堂:以自主学习撬动英语课堂教学改进［J］. 教学月刊·中学版（外语教学），Z1：3-9.

［15］葛炳芳. 2024. 促进学生主动学习的英语阅读教学：内涵、活动设计要点及思考［J］. 教学月刊·中学版（外语教学），3：51-57.

［16］葛炳芳,印佳欢. 2021. 课程视域下英语阅读课堂"学—思—悟"教学思路［J］. 中小学外语教学（中学篇），6：1-6.

［17］郭华. 2019. 深度学习的关键是真正落实学生的主体地位［J］. 人民教育，Z2：55-58.

［18］郭元祥. 2017. 论深度教学:源起、基础与理念［J］. 教育研究与实验，3：1-11.

［19］国红延. 2023. 高中英语教材中思维可视化工具及活动的分析与利用［J］. 英语学习，3：15-20.

［20］何克抗. 1997. 建构主义——革新传统教学的理论基础（上）［J］. 电化教育研究，4：3-9.

［21］何克抗. 2002. 建构主义——革新传统教学的理论基础［J］. 中学语文教学，8：58-60.

［22］何克抗. 2004. 关于建构主义的教育思想与哲学基础［J］. 现代远程教育研究，3：12-16.

[23] 胡洁元.2024.基于结构化知识的高中英语听说教学实践[J].教学月刊（外语教学），6：23-30.

[24] 胡晓燕.2004.英语主题教学模式与自主建构认知结构[J].外语研究，3：48-50.

[25] 李璇律，田莉.2019.建构主义视域下的深度学习[J].教学与管理（理论版），4：1-4.

[26] 刘道义.2015.启智性英语教学之研究[J].课程·教材·教法，1：80-90.

[27] 汪向华、苏殷旦.2024.例析促进学生主动建构意义的高中英语阅读教学路径［J］.中学外语教学（中学篇），1：30-35.

[28] 吴刚平.2018.课堂教学从记中学转向做中学与悟中学的认识基础[J].上海课程教学研究，3：13-16.

[29] 王蔷.2015.从综合语言运用能力到英语学科核心素养：高中英语课程改革的新挑战[J].英语教师，16：6-7.

[30] 王蔷，钱小芳，吴昊．2021.指向英语学科核心素养的英语学习活动观——内涵、架构、优势、学理基础及实践初效[J].中小学外语教学（中学篇），7：1-6.

[31] 印佳欢.2024.主动学习视阈下英语阅读课堂中的意义建构[J].中小学外语教学，1：53-59.

[32] 张秋会、王蔷.2016.浅析文本解读的五个角度[J].中小学外语教学（中学篇），11：11-16.

[33] 赵东亮.2021.结构化知识作为教学主线的单元整体教学路径探究[J].英语学习，8：49-55.

[34] 钟启泉.2001.社会建构主义：在对话与合作中学习[J].上海教育，7：45-48.

[35] 钟志华.2006.试论"解构—建构"教学观[J].教育理论与实践，4：40-43.

[36] 钟志贤.2005.知识建构、学习共同体与互动概念的理解[J].电化教育研究，11：20-24，29.

[37] 中华人民共和国教育部.2020.普通高中英语课程标准（2017年版2020年修订）[S].北京：人民教育出版.